The Illustrated Key to Understanding
the Mysteries of the Unconscious

彩繪版

夢的潛意識心理學

典型夢境案例＋象徵符號解析
喚出你內心隱藏的重要訊息

David Fontana
大衛·馮特納——著

宋易——譯

CHAPTER 1

認識未知的夢世界

CHAPTER 2

解析夢境的基礎技巧

CHAPTER 3

認識夢的象徵符號

關於夢工廠、夢境暗示和心境暗示

夢工廠是本書的重點之一——共有 25 個。它們旨在透過對夢境進行現實生活行動上的解讀，以提供實際指引。做夢人的名字均做了保密處理。而夢工廠文末的夢境暗示，和搭配在本書諸多插畫中的情緒暗示，則用以輔助解讀。它們旨在為不同的意境建立連結，讓身處不同環境、體驗不同夢境的讀者，能從同一個夢的符號獲得各種可能的含義。

CHAPTER

Introducing

1

the Dream World

認識未知的
夢世界

每晚入睡之後，我們會造訪一個非同尋常的國度。在
那裡，清醒時的邏輯思維、現實和常規都將失效——
那就是奇妙且神祕的夢境。在那裡，異想天開的經歷、
生物和變形都是家常便飯。但是這些有什麼意義呢？
我們究竟為什麼要做夢？在這一章中，就讓我們展開
夢境探索之旅，踏上尋求答案的遠征。

我們幾乎可以肯定，人類在進化出語言之前就已經開始做夢了。史前的洞穴壁畫蘊含某種夢境特質，上頭描繪的動物和事件常常更具印象主義特徵，而非寫實主義。在科學的時代來臨前，對於早期的人類來說，夢境和現實世界很可能自然地彼此交織在一起，外部世界和內部世界之間的界限——一邊是客觀世界，另一邊是個人的體驗和想像——也許一直都比較模糊。

幾個世紀過去，關於神與靈性的存在，人類已經達成共識。大多數人在日常生活中都看不到這種存在，人們相信祂們隱藏於其他維度之中。然而在夢境中，正常的時間和空間規則都不適用，夢裡會出現怪異的人物，也會發生

離奇的事情。於是我們的祖先自然而然地認為夢來自自我之外，而且很可能來自靈性世界。

我們不該只是把夢視為迷信而不予理睬，在早期人類的內在與外在生活中，夢都是不可或缺的一部分。它讓人類相信自己接受了某些形式的靈性指引，也許還包括迫在眉睫的危險警告。甚至，當人類建構複雜的文明、製作石器、冶煉貴重金屬，這些都有可能是透過夢境的啟發而來。

埃及人解夢

早在西元前 2,000 年，古埃及人就留下了紀錄，向世人展示了可能是來自夢境的訊息，似乎還蘊含著某些隱祕的意義。祭司之所以能獲得威信與權力，一部分是因為他們的解讀能力；位於都柏林的切斯特‧比提圖書館（Chester Beatty Library）珍藏了一系列的埃及莎草紙文獻，上頭就揭示了當時某些祭司使用的解析準則。

佛洛伊德（Sigmund Freud）與其後的心理分析專家宣稱，其中一項準則指出，人們可以透過聯想來解釋夢境中的影像。打個比方，如果你夢見一隻鞋或一艘船，這些訊息也許與旅行和水有關，那麼這個夢或許是要告訴你，你的下一趟旅行最好是經由水路，或是你即將完成一趟水上之旅。

埃及的解夢指南還提到了「相似詞」的概念：夢中出現的物品名稱也許代表了另一個完全不同但名字相似的東西，比如在英語中，雨（rain）也許暗

示著火車（train），而扇子（fan）也許暗示著男人（man）。另一個觀點則認為夢可能是相反的——一個不愉快的夢也許暗示著好運。

在什麼情況下應該使用哪一項準則來解夢，則取決於祭司。顯然，夢境解析並不困難，但也沒有捷徑。祭司在解夢時也許會考慮到個人境遇，甚至是夢境喚起的個人情感；也許還會尋求神靈的幫助，因為人們向來認為夢起源於靈性世界，而那個世界的法則與我們的世界很不一樣。從本質上來看，夢是月和夜的產物，高深莫測，它們本身就是一個謎。

一直以來，古埃及人不僅探索解夢之法，還曾嘗試引導夢的發生。最著名的方法就是讓做夢的人攝入一定劑量的麻醉性草藥，然後讓他躺在神殿中，隔天一早讓祭司直接解夢。

受到埃及的影響，同樣先進的巴比倫（現在的伊拉克地區）也發展出類似的夢境解析和引導方法，早期猶太人也是如此。

古希臘羅馬人解夢

古希臘人在藝術、哲學和建築等領域的成就，有時比我們更先進得多，而他們對於現實本質和人類意識的觀念也不該輕易被摒棄。他們為了解讀和誘發夢境，建造了許多專用的神殿，證明他們對於人類的內心世界有著深刻的理解。夢也被看作是一種診斷和治療疾病的方式，尤其是醫藥之神阿斯克勒庇俄斯（Asclepius）在埃皮達魯斯（Epidaurus）的療養院經歷的那些夢。據

說祂有時會出現在夢境中，向做夢的人傳授治療的本領。

西元前 5 世紀，對現代醫學貢獻良多的先驅希波克拉底（Hippocrates）指出，療癒夢不僅源自神靈，還源自身體本身。事實上，我們的身體知道自己哪裡出了差錯，甚至還有可能知道治癒方法。哲學家亞里斯多德（Aristotle）更深入地闡述了這個觀點，他認為身體的某些狀態也許會影響夢的內容。如果你在晚上覺得太熱了，你就有可能會夢見火。這凸顯了解夢時將所有感覺納入考慮範疇的重要性——事物給予你的感覺與其表象也許同等重要。

古希臘人和古羅馬人也相信，夢既能讓你誤入歧途，也能將你引上正道。古希臘詩人荷馬（Homer）的《奧德賽》（*Odyssey*），以及古羅馬詩人維吉爾（Virgil）的《埃涅阿斯記》（*Aeneid*），兩者都向我們展現了同樣逼真的影像。真實的夢經由角門找到我們，虛假的夢則經由象牙門[1]；象牙門給人的美麗錯覺提醒了現在的解夢師，最具吸引力的分析方式也許並不是最正確的。

人們相信智者的夢是由神靈或上帝所安排，重複出現的夢則有特別的意義。亞里斯多德的前輩蘇格拉底（Socrates），在他人生中的不同時期以不同方式重複地做著同一個夢，而這個夢一直傳遞著同一條訊息：「蘇格拉底，練習藝術，培養藝術。」敞開心扉，接受繆斯女神帶來的智慧和美麗的嘉獎。蘇格拉底知道，創造力和夢境之間有著非常緊密的聯繫。

---

1 角門與象牙門的意象，最早出現在《奧德賽》第 19 卷，後來被許多著名英語文學作品引用。

夢的神聖傳統

在所有的靈性傳統中，都有夢的一席之地。在《希伯來聖經》中，神告訴亞倫和米利亞姆，如果以色列人中存在真正的先知，「我⋯⋯將會在夢中與他對話」。約伯也提起過夢與神靈之間的關係：「當人類進入深度睡眠⋯⋯神就會打開人類的耳朵，傳授他們指示。」在《新約聖經》中，夢有同等重要的地位，例如神在夢中警示了約瑟，他的嬰孩耶穌將會面臨危險。

伊斯蘭教的教義清楚地表明了，神「趁著符合資格的男女信徒進入睡眠狀態時，透過象徵事物或異象與之對話」。先知穆罕默德就是在夢中收到了《古蘭經》的部分內容。

藏傳佛教一直以來都強調做夢的重要性。寧瑪派主張夢是死亡的預演，讓我們每天晚上都能預先體驗到死後會進入的連續舞台，我們會經由此處從今生過渡到來世。我們應該想方設法對做夢的過程進行有意識的操控，這麼做可以讓我們有能力對死後遭遇的事情產生影響。如果沒有成功，那麼我們死後就會被「業」（前世的行為對於來世的生活所產生的影響）的力量帶走，進而失去由死亡和隨即而至的來世帶來的靈性發展機會。

印度教的大師曾說過，聖哲賢士的知覺意識會在有夢和無夢的睡眠中融會貫通，代表在深度睡眠狀態下，思想已不存在，但是意識依然清晰而且能被完全感知。

我們在西方的「神祕」學派中也能找到相似的觀點，其信仰和實踐的範疇

包括煉金術、占卜和巫術。這些都在告訴我們，睡眠不應該被浪費在無意識的狀態中，我們應該將夢視為靈性旅程的一部分。

薩滿文化

　　世界上各種不同的祕傳教派都是基於對自然及其隱藏力量的特殊感知。大家比較熟悉的薩滿巫師，他們的角色就是連通物質世界和靈性世界的通道。薩滿巫師常常會透過催眠、草藥、有節奏的擊鼓聲、不斷念誦的咒語以及夢境，進入意識狀態的改變。尤其夢被認為可以迅速連通自然力量（經常以成為力量動物的形式來體驗）和靈性世界。在靈性世界中，薩滿可以與逝去之人的靈魂取得聯繫，以及了解族人所患疾病的起因和治療方法。

　　在薩滿巫師眼裡，靈性世界——一個充滿無限可能的現實世界——比起現實世界的真實性有過之而無不及。在生者的世界，靈性無所不在，而且能夠或好或壞地影響生者。在澳洲原住民的觀念中，人類的物質世界也是在「夢創時代」（Dreamtime）[2] 建造的。當時先民橫跨陸地，創造一切有形事物，讓人類落戶於這個世界，並且教導語言，傳授儀式和律法。他們相信夢創時代仍然存在，而且會永遠存在下去，永不終結。正是創造性的力量構建了我們的整個宇宙。●

────────

2 人類學家在 19 世紀提出「夢創時代」一詞，又譯「黃金時代」，在澳洲原住民的文化中被理解為其精神祖先創造世界和世上萬物的時代。

夢的實驗室

THE SCIENCE OF DREAMING

科學家知道人類會做夢——做夢引起的大腦律動改變客觀地證明了這一點，但是他們不知道人類為什麼會做夢。有人說夢的出現是因為某種心理或生理目的，但究竟是什麼目的，答案依舊充滿爭議。我們的大腦與意識還有很多等待探索的領域與未解之謎，科學家顯然還有很長的路要走。

睡眠階段

然而人們對於睡覺和做夢的技巧有著相同的見解。我們對於夢的理解和資訊大都來自研究睡眠的實驗室，這裡的志願者會被連上裝置，讓研究人員監控他們睡覺時的大腦活動、心跳、肌肉活動和眼睛的運動。結果顯示，我們

晚上睡覺時會經歷不同程度的睡眠階段。在剛開始睡覺的幾個小時內，我們的意識會逐漸與外面的世界隔絕，接連經過三層逐步加深的睡眠階段之後，就會進入第四層——也是最深層的階段。在這個階段，我們的呼吸會變得很慢而且有節奏，血壓、心率和體溫會降低，身體的運動也會停止，腦波從每分鐘四到八圈減少至每分鐘半圈到兩圈。

大約三十分鐘後，我們會從第四層回到第一層睡眠階段，然後全部重新經歷一遍。從熟睡回歸到淺眠的同時，許多相關的生理變化也會跟著逆轉，大腦和心臟的功能會恢復到接近清醒時的狀態，身體會愈來愈活躍，眼球也會在緊閉的眼瞼後方快速移動——這個睡眠階段有個專門的名稱，叫做「快速動眼期」（rapid eye movement, REM）。

在這個階段，我們看似處於清醒的邊緣，但很奇怪，這個時候其實較難被喚醒——因此也有人將這個階段稱為「異相睡眠」（paradoxical sleep , PS）。快速動眼期與清醒或熟睡時的狀態截然不同，某些研究睡眠的權威專家將其視為一種獨特的狀態，而我們通常會在這個階段體驗到第一個生動的夢。

一般來說，快速動眼期大約五到十分鐘，接著會慢慢進入更深層次的睡眠，周而復始。快速動眼期與所謂的非快速動眼期（non-rapid eye movement, NREM）將會不斷交替進行，整個晚上通常會循環四到七次。每重複一次，快速動眼期的時間便會延長，在睡醒之前會達到最大值，大約二十到四十分鐘。

成年人平均每晚經歷快速動眼期的時間約為一個半小時，隨著年齡增長，這段時間會逐漸減少；新生兒的睡眠則有 60% 都處於這種狀態（他們會做夢嗎？他們都夢見了什麼呢？很遺憾，他們還不會說話）。甚至有證據顯示，我們在非快速動眼期也會做夢，雖然是不同種類的夢。在快速動眼期期的夢境逼真而生動，在非快速動眼期的夢則通常混沌朦朧。某些人還會記得非快速動眼期的夢境，感覺就像發生在一個瀰漫大霧的壓抑世界中，景物形色暗淡，感覺沒什麼活力。

快速動眼期

觀察一個正處於快速動眼期狀態的人，你可以看見眼瞼後方的眼珠不停地轉動。他也許是在觀看夢境中出現的場景──在快速動眼期期間被喚醒的受試者描述夢中發生的事情，與其眼球的活動程度相當一致。此外，受試者腦部活動的區域，與這段期間夢中「經歷」的事情非常相似。

如果你很難回憶自己做的夢，可以請他人在快速動眼期期間喚醒你，或者自己設置鬧鐘，在入睡大約一個半小時後把自己叫醒。你甚至可以買一種特殊的眼罩，幫助你去感覺快速動眼期何時開始。眼罩裡有一個會閃的燈，亮度恰好能提醒你正在做夢，但不會讓你醒來，這時你就可以開始把夢境牢記在心了。

夢的基本功能

即使那些聲稱自己從不做夢的人，若是在快速動眼期階段被喚醒，也能清楚描述自己的夢境。這表明了兩點：首先，這些人只是不記得自己做了夢；其次，這些夢的內容太普遍了，哪怕是記不得，它們依然能發揮基本的功能。

究竟是什麼功能呢？一般來說可分為生理學和分析學上的解釋。生理學理論認為，大腦處理資訊的過程會促進夢的發生。有一種說法是腦幹會隨機對前腦輸出訊號，接收到訊號的區域會運用儲存的記憶來搞清楚這些訊號的意思──這個過程有助於加強並儲存這些記憶。另一個相似的觀點認為，夢是大腦過濾無用資訊、處理並加固清醒世界經歷的方式。

根據生理學理論，夢的內容是不合邏輯的，因為在睡覺的時候，我們無法將腦袋中發生的事情與外部世界的真實情況連結起來。所以說雖然做夢可以活化大腦，但是夢的內容根本不重要。

然而這些理論卻無法解釋為什麼夢境總是包含強烈的敘事性。夢經常可以講述一個清晰且前後一致的故事，能夠為思考和推理拋出新思路，而不是與清醒世界完全不相干且混亂的回顧。如果夢確實與現實世界有所連結，便可以轉用另一種方式詳述實際發生的事件，展現出一種強大的創造性。夢似乎承載了某種意圖，不僅可以刺激、啟發我們，有時還會嚇唬我們，就像一本神奇的圖畫書，提供意想不到的可能性。

分析學理論將這些因素考慮進去，並指出夢並非代表隨機或無用的訊息，

而是為意識的運作方式提供了深刻的見解。我們應該學會記住並解析自己的夢，不僅可以幫助我們理解自己的本能、衝動和觀念的源頭，還可以幫助我們善用潛能。這讓我們想起了古希臘人的理論：夢也許不是神的賜予，但仍然擁有引導和培養我們創造力與想像力的能量。

做夢的重要性

科學研究指出，夢對於我們的身體健康至關重要，甚至我們睡覺的其中一個目的就是做夢。在睡眠剝奪實驗中，一直醒著的受試者開始在大腦清醒的情況下經歷了大量的睡夢想像。

分析心理學的開創者榮格（Carl Jung）堅信，我們其實一天二十四小時都在做夢，只不過在睡覺的時候，我們的大腦才得以平靜下來感知這些夢。如果真是這樣，榮格的理論便與另一個觀點不謀而合——睡覺是為了讓我們開始察覺夢境，從而將夢的洞察力融入我們清醒的生活。

在另一個實驗中，每當受試者進入快速動眼期就會被喚醒，等於剝奪他的這個睡眠階段。這樣的情況持續幾個晚上後，他們的大腦會試圖更頻繁地去經歷快速動眼期，一旦讓受試者重拾正常睡眠，他們整個晚上的大多數睡眠時間都會用於快速動眼期，甚至會以深度睡眠作為代價。由此可知，大腦需要一定額度的逼真夢境，若有必要，它會彌補自己錯過的夢。

既然夢對於我們的生活非常重要，為何我們仍然無法完全明白夢的意義？

毫無疑問，未來的研究定會幫助我們找到解答。●

半睡半醒之間的朦朧狀態

如果你有辦法觀察自己入睡的過程，也許會發現，在半夢半醒之間存在著一個
奇怪的半世界。在這個世界中，你會窺見一些奇怪的畫面，或者感受到大量的
念頭。但是一回到完全清醒的世界之後，你只能想起很少或者完全想不起這些
念頭。此一狀態被稱為朦朧狀態（hypnagogic state）。許多知名藝術家聲稱在
這樣的狀態下見到了奇異古怪的景象，例如超現
實主義畫家達利（Salvador Dalí），他將
夢境與現實世界的景象結合在一起，訓
練自己自由進出朦朧意識，以此來獲
取創作的靈感。

大腦和宇宙都充滿祕密，只要我們還被困在世俗的觀念之中，便永遠無法一探究竟。我們的存在，不論是個體的存在或是物種的存在，都是最令人費解的謎團。於此，大腦的本質提出了一些十分有趣的問題。我們藉由有形的軀體活著，大腦是我們身體的其中一個器官，然而其中包含的思想、記憶、情感、動機、希望、恐懼、焦慮、幸福和夢，所有的這些都是無形的。即使是那些宣稱心智不過是大腦功能總和的人，也無法解釋腦內的電位活動是如何產生上述無形的、非物理性的狀態。世界上偉大宗教的靈修傳統，以及領導學術研究的神經學家和腦科學家都認為，心智不存在於大腦之中；甚至可以說，心智代表了我們非物質的存在，**透過**大腦將有形的與無形的自我

連結起來。這種觀念明顯與靈魂的概念有關，而且與超越有形死亡的生命息息相關。

意識與潛意識

正如榮格所說，心智最大的其中一個祕密，在於我們不知道其止於何處。我們只「存在」於有意識的那一小部分心智之中，從本質上說，就是控制日常生活行為的那一部分。我們可以感知周遭的世界，察覺我們的想法，做出決定，「有意識地」喜歡或不喜歡某些東西，為賦予生命意義而付出努力，感受愛、憐憫和同理心等情感。但是我們的心智遠不止這些。

我們的想法從何而來？此刻一片空白的腦袋下一秒便冒出一個想法。在這個想法出現之前，它在什麼地方？如果它不存在，那它又是怎麼形成的？想法從某些看不見的領域被創造出來，引起我們的關注。為了了解那個看不見的領域，我們發明了一個專有名詞——「潛意識」（unconscious）。

想法的出現向我們證明了潛意識的存在，但是我們對它的認識少之又少。睡覺的時候，意識的心智會關閉，我們便進入到潛意識的層次，體驗潛意識為我們創造的各種奇怪的夢。

兩位最優秀的潛意識探險家佛洛伊德和榮格，他們發現潛意識包含三個明確的層次，每個層次對於理解夢境皆不可或缺。它們分別是：

- **前意識：**包括大量的事實和記憶，雖然無法時時察覺，然而當我們有需要的時候，隨時都可以將它們召喚回來。

- **個人潛意識：**同樣由成千上萬的事實和記憶組成，但都是一些我們幾乎忘記了的事實和記憶，只有在特殊情況下才會想起。

- **集體潛意識：**就像隱藏的思想資料庫，無論來自何種文化背景，人人都可以分享並使用。榮格提出了集體潛意識的概念，並將其劃分在個人潛意識的下一層。

佛洛伊德（1859-1939）

佛洛伊德不只是精神分析學的創始者，更將夢對於心理學的重要性引進西方科學。考取醫學博士之後，佛洛伊德將研究重點轉向神經學和大腦之謎。他在著作《夢的解析》（*The Interpretation of Dreams*, 1900）中指出，夢為潛意識的內容提供了最好的線索。在他看來，潛意識是大多數心理問題的源頭。他主張夢是對被壓抑情感的一種「宣洩」，尤其是那些禁慾的人們。這也是為什麼夢境的內容充滿象徵性，若是過於明確的意象可能會讓意識覺醒。

佛洛伊德認為，透過**自由聯想**最能解析夢的意義。在自由聯想的過程中，當事人必須為每一個夢符號提供聯想的連結。

榮格（1875-1961）

身為精神醫師的榮格是佛洛伊德早期的合作者，也是最出色的心理學專家。他不同意佛洛伊德對於性壓抑的過度重視，並且認為人們做夢的主要動機來自精神更深層的源頭。他和佛洛伊德同樣認為夢是洞悉潛意識的最佳途徑，但和佛洛伊德不同的是，他將夢視為更具有創造性、更有遠見的事物，而不僅僅是願望的滿足。

榮格開發出一種治療心理疾病的方法，被稱為分析心理治療（analytical psychotherapy），直到現在仍被廣泛使用。治療師會鼓勵病人詳細描繪夢中出現的事物的原型，以獲得更充分的自我認知。榮格的研究對於超個人心理學（transpersonal psychology）[3] 的影響極深，該心理學專門研究靈性與神祕體驗對於人類生活的意義。

前意識與個人潛意識

　　前意識很好理解，我們在日常生活中隨時都會接觸到它，但個人潛意識就複雜得多。我們可以想像自己回到一個小時候非常熟悉，但已經很久沒有回去的地方，想像在這個情況下會發生什麼事，藉此了解個人潛意識的運作方式。當我們看到那些曾經熟悉的場景，遺忘的兒時記憶和情感好像一下子全回來了。我們會注意到哪些事物改變了，並且記起它們過去的樣子。我們會回想起遺忘已久的場景、臉龐，以及遺忘已久的夥伴的聲音。這些記憶都被

---

3 超個人心理學是 20 世紀 60 年代末到 70 年代初在美國興起的一種心理學流派，主要關注人生價值、人類幸福、宗教體驗、自我超越的途徑，以及其心理健康和意識狀態等問題。

儲藏在個人潛意識中，塵封多年。當我們突然看到一張褪色的照片，是家人在多年前度假時拍的全家福，也會有這樣的感受。

對於佛洛伊德和榮格，以及那些至今仍使用其心理治療方法的心理學家和精神科醫師來說，很多的（也許是大多數的）心理問題都源自於我們的童年經驗。兒童時期與父母、老師、其他小孩的相處，事實上，兒時遇見的所有人和發生的所有事情，都會在我們的內心留下或好或壞的印記。我們處理事情的態度、興趣及愛好，都能從這些經歷找到源頭。我們厭惡的東西也是如此，更重要的是，我們的焦慮和各種情結也是如此。儲存在個人潛意識深處的，是大部分真我的源頭。接觸個人潛意識——自發地透過夢境，或者心理治療和催眠之類的技巧——就能幫助我們理解自身存在的祕密。

集體潛意識

當進一步深入潛意識，榮格發現了位於個人潛意識之下的第三層意識，他將其稱為**集體潛意識**。最大的差別在於，前意識和個人潛意識屬於私人個體，集體潛意識則是全體人類所共享，從歷史、文化及心理治療時蒐集到的潛意識資料中都能發現證據。集體潛意識是我們心理的共同遺傳基礎，這就類似於生物機制是我們身體的共同遺傳基礎。所謂「我們不知道心智止於何處」指的就是集體潛意識。

集體潛意識不僅跨越了人種，也跨越了歷史，似乎還延伸到靈性和神祕主

義領域。透過集體潛意識，我們可以接觸到無限的可能性。許多深刻的創造、洞察的能力和充滿想像的創作——畫作、建築、音樂、詩歌等——都是源於集體潛意識。也許我們還能透過集體潛意識找到通往神性的道路。

原型和集體潛意識

集體潛意識擁有無窮的心理能量。這意味著只有當它們以象徵符號的形式，即某些根深柢固的影像或動機出現時，才能引起我們的注意。當我們夢到這種象徵符號時，就能認出它所具體表現出來的能量。榮格將這種符號稱為**原型**（archetype）[4]。原型會以智者、英雄、虛構的野獸或神祇的形式出現，它們也經常出現在神話、傳說或童話中。雖然這些故事大都是虛構的，但是它們述說人生百態，傳達關於人性恆久不變的真理，並且教導我們關於自身的深刻教訓。榮格發現像這樣類似的故事普遍出現在不同的文化之中，透過不斷地講述、傳頌來啟發人們，進而形成集體潛意識。

原型的影像通常出現在第三層的夢境（見第 36 頁）。這種夢常發生在人生的重要轉折時期，如青春期、初為父母的時候、邁入中年或老年的時候，以及遭遇心理危機或精神受到打擊的時候。夢中的原型能夠為我們指引方向，有時在我們可能做出錯誤判斷時予以警告，或者幫助我們獲得更深層次的靈感。它們能夠開啟通往集體潛意識的大門，帶領我們感知人與人和人與自然之間的親密互動，幫助我們擺脫生活遭遇挫折時的孤立無援感。

---

4 羅馬帝國時期的哲學家，人稱「亞歷山大里亞的斐洛」（Philo Judaeus）於西元 1 世紀時首次使用此一術語。

夢中的原型符號可藉由圍繞在它們周圍的神聖降臨感——一種讓人敬畏並給人啟示的氛圍——被識別出來，彷彿我們正站在奧祕的門檻上，等著它們帶領我們超越慣常的心理現實範疇。這些畫面讓人印象深刻，因而長年留存於我們的心中。

解夢的重點也許立基於夢中的原型人物（例如下文中描述的那些人物），或者歸因於原型事件（例如變形或是會說話的動物、飛翔的感覺、穿牆穿門術之類的超自然體驗）。某些人甚至在夢中體驗了自我無限擴張的神祕經歷，內容包羅萬象。

那些以明確的男性或女性樣貌出現的原型符號，其實代表了我們都擁有的特質，因此才會與男人或女人產生類似的連結。

讓心智接受原型的其中一個方法是研究並默想原型的圖像，例如塔羅牌上的圖像，讓它們和你產生「交流」，也就是說，讓它們刺激你，藉此產生與它們相關的創造性思維。如果可以，試著與它們對話，並試著在睡著的時候仍然想著它們。

夢中出現的**年長智者**，其原型通常是魔法師、老師或其他權威人物，例如嚮導或天神。他象徵著智慧和創造力的源頭，可以治癒，也可以毀滅，以便為接下來的進展或改革鋪路。

英雄在世界上許多偉大神話中扮演重要角色。他象徵著我們努力想要成為優秀或高貴的人，也代表我們心中想要探索那些關於生命的基本問題。如果

在夢中遭遇心理上或身體上的挑戰，通常就會出現英雄原型。

大地之母代表自然、生育以及地球深層的奧祕。但是和其他原型一樣，她也擁有消極的一面——擁有強烈控制慾和占有慾的母親或創造咒語的人，剝奪了他人獨立行動的能力。她對我們的心理和靈性發展有很大的影響，代表女性神祕力量的本質。

聖嬰象徵著重生、純潔、尚未墮落的智慧，代表新機遇的降臨，以及對於個人表現、整體和諧與自由的追求，力求擺脫貪婪和自私的自我。

漂亮的小女孩象徵憑直覺獲知的智慧，以及一探人生奧祕的機會。她通常會向英雄展示前進的道路，並提供關鍵的象徵性物品（例如鑰匙或護身符），來協助英雄完成任務。

騙子代表著可能擾亂完美計畫的任何東西，但他同時會展現出人性黑暗和光明的兩個面向。小丑和變形者，雖然可能心懷惡意，但也迫使我們重新評估自身既定的思考模式。

陰影象徵我們內心的黑暗面，代表我們不想完成或不想面對的事情。它有可能化做沉默、令人感到不安的事物或懷有敵意的同伴，常常會引出做夢者內心強烈的恐懼和憤怒。只要能承認陰影的存在，我們就有辦法應對，並將負面的能量轉換為正面積極的事物。

偽裝人格可能會以有點熟悉的陌生人、稻草人或流浪漢的形式出現在夢中。它是我們用來面對這個世界的面具，是真我與社會角色之間的妥協。如

果將偽裝人格誤認為真我，就可能變成對我們有害。

阿尼瑪（Anima）有時與漂亮的小女孩同義，代表男人和女人內心固有的女性直覺，但是通常會被男人忽略。它充當做夢人的嚮導，解釋如何用新的方法探索內在自我，引領智慧和自我認知。

阿尼瑪斯（Animus）代表女性內心存在的男性能量，有時在夢中會以英雄的形象出現。它象徵果斷、勇敢無畏的特質，但女人常常沒發現自己擁有這種特質。透過自我探索，這些美好的特質也能被清醒的自我所接納。

幾何形狀同樣也可以是原型，而且很好辨認。圓形象徵整體性和完整性，是開始與結束的綜合，歸根結底還是象徵著神性。正方形表示可靠，代表東、西、南、北四個方位，代表自然界的四大元素，以及地球。向上的三角形象徵我們的靈性渴望，向下的三角形則代表精神寄託。六角星象徵著這兩種三角形力量的融合，五角星則代表希望和人類。最後，十字代表神與人的結合，垂直線和水平線表示唯一、完美的愛情。●

其他解夢大師

除了佛洛伊德與榮格，還有許多傑出的心理學家研究出不同的解夢方式。心理學家波爾斯（Fritz Perls）開創了完形治療法（Gestalt Therapy），他認為夢象徵著未完成的情感業務，夢中出現的人和物皆可視為做夢者自身的投射。波爾斯更發展出角色扮演的技巧，他建議他的病人向夢中的人或物「對話」，透過角色互換來尋找答案。相較之下，瑞士精神病專家波斯（Medard Boss）貶低象徵主義和潛意識的重要性，主張夢表達的是意識的慾望。為此，人們應該更關注夢的表象的評估，將重點放在第一層夢境，而非第二層和第三層。

Chapter 1 認識未知的夢世界

1 號夢工廠

DREAM WORKSHOP NO. 1

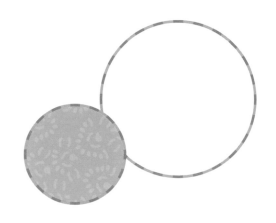

做夢者

彼得，35 歲，功成名就的廣告公司總監，擁有奢華的生活。在最近一次前往非洲家庭旅遊之後，他產生了一個念頭，他想要做不一樣的工作，幫助那些不像他一樣幸運的人，但是要實際做出改變的時候又有些拖延糾結，主要是因為害怕影響到妻子和兒子穩定的生活。

夢境

彼得正要出差，他搭上一輛開往火車站的計程車。抵達火車站時，他發現那裡已經變成了馬戲團。在興奮又嘈雜的環境下，彼得找不到售票櫃檯，他非常擔心自己會趕不上火車。尋找售票櫃檯時，彼得必須不斷躲開雜技和雜耍演員。然後他看到一個老人坐在長椅上，招手要他過去。彼得走到這位撿起報紙

並攤開來閱讀的老人身邊,坐下來。突然,火車站又變成一座寧靜的花園。彼得感覺這裡就是家,平和且安靜,趕火車這件事好像也沒這麼要緊了。

解析

夢開始得很直接,呈現出日常的現實生活。彼得正要出差,他乘坐的是**計程車**而不是大眾交通工具,反映了他富裕的生活方式。**火車站**是一種典型符號,象徵著啟程,也有可能象徵方向的改變。

而改變確實發生了。當彼得發現自己身處**馬戲團**時,這個夢變得更具象徵性。馬戲團通常象徵著童年,代表魔術和改變。但是這個馬戲團出現了**雜技和雜耍演員**,他們就在彼得的身邊表演雜技,也許代表著

他內心感到不足的部分。彼得也許會自問,相較於幫助他人的社會責任,他現在的職業是否缺少了某些價值。儘管火車站變成了馬戲團,彼得仍在尋找售票櫃檯,並擔心自己趕不上火車,也許他不情願或無法承認自己的周遭(或者是自己的內心)已經發生了改變。

然後這個夢又發生變化,出現了一個更能引起共鳴的象徵符號——**老人**。這個人物也許是象徵年長智者的原型,一個引導和智慧的源頭,而他手中的**報紙**代表他要分享的知識。彼得加入老人坐上**長椅**,這個位置暗示了安慰和可靠性。場景又突然變成一座**寧靜的花園**,這種愉悅的改變也許暗示彼得已經準備好敞開心扉,接受新的智慧,並將體會到這麼做的滿足感。他的火車對

他的工作非常重要，但已不再是當務之急。

　　從表面上看，這個夢似乎在告訴彼得應該選擇一個關懷他人的職業──這是他內心深處的渴望。當然，這樣的指示僅止於情感層面，實際上他還是得考慮到經濟因素，以及家庭生活的幸福美滿，尤其是如果彼得的工作抱負會導致他們搬到生活條件較差的環境的話。彼得必須將所有因素都考慮進去，不能依著自己的夢來做決定。

原型夢最有可能發生在我們人生的轉折時期，但卻很少會準確地告訴我們該做什麼。在這個夢中，年長的智者也許是個人成長和能量的源頭，也就是榮格所謂的「超自然人格」（mana）。然而由夢促發的個人成長的衝動，在現實中往往不得不讓位給愛情和家庭責任。

若潛意識分成三個逐漸加深的層面，夢也許就起源於這三個層面，並且擁有相對應的特徵和意義。理解這一點之後，對我們解夢也有幫助。在本書中，我們將源於前意識的夢稱為第一層夢，源於個人潛意識的夢稱為第二層夢，以及很少會發生的、源於集體潛意識的夢稱為第三層夢。然而同一個夢也有可能囊括來自這三個層面的元素。

源自前意識的夢境（第一層夢）

一旦開始研究自己的夢，就會發現有些夢境來自日常生活中可被辨認出的事件，或是最近發生的記憶——雖然到了夢中會產生各種各樣的扭曲失真。

很多來自前意識的夢都和有趣的、好玩的或也有點令人擔心的已發生事件有關。它們也許會涉及重要的話題，以及讓我們高興或不安的事情。不過潛意識也可能只是在回顧事件，繼續思考某個未完成的想法，就像我們在白天所做的事一樣。回顧事件時，我們通常會注意到一些被遺忘的關鍵細節，所以那些看似略過前意識表面的夢可不是轉瞬即逝的胡言亂語，而是比我們想像的重要多了。

你也許會感到困惑，為什麼夢境盡是看似瑣碎的事情。但如果你能接受出現在夢中的事物都是有其意義的，那麼我們為什麼會夢見那個東西或事件就變得非常重要了。如果專注於夢的引導，我們也許會找到答案。

假設你夢見一棟你白天經過卻沒有留心的房子，你也許會在腦海中描繪這間房子來進行解夢。然後你會發現這棟建築有某種奇怪的熟悉感，回想得愈多，這種熟悉感就愈強烈，直到你突然想起小時候去過那裡參加某個聚會。接著你想起是誰給你開的門，以及你在聚會上做了什麼事情。也許你在那裡認識了異性，第一次有了心動的感覺，現在你想起了那個孩子的模樣，以及他／她是否也喜歡你。

這些記憶可能還伴隨著當時的感覺，例如情感上的無助。孩子幼小的心靈是多麼容易被拒絕所傷害，又多麼容易被善良的舉動深深打動。你也許會發現自己從來都不敢面對自己的弱點，以至於長大後習慣與他人保持距離，透過建立情感的盾牌來保護自己。也許現在你該試著敞開心胸，這種自我保護

機制已經剝奪了你充分享受愛情的權利。照著這樣發展下去，第一層夢的內容會將你引向第二層夢，並開啟自我理解的大門。

人們常問，每天發生那麼多的事情，我們的心智為什麼會選擇夢見其中某件事。那些被我們遺忘已久的經歷造就今天的我們，找出其中的連結當然就變得很重要。這些經歷可能被我們的思維有意識地壓制，因為對年少的我們來說太痛苦、太難理解或難以接納，發生不久之後便被推入了潛意識深處。

源自自我潛意識的夢境（第二層夢）

儲存在前意識中的記憶充滿了缺口，但是我們可以從個人潛意識了解更多關於我們的過去，甚至追溯至幼年時的經歷。更有人指出，我們會記得這一生中發生在自己身上的所有事情，瀕死的人說他們看見過去的人生從眼前一一閃現，在幾秒鐘時間內濃縮了所有的細節。若能善加利用如此豐富的訊息資源，深入調查來自個人潛意識的夢境，將有助於我們更加了解現在的自己，洞悉讓我們猶豫不決的本性，以及驅使我們繼續前進的動力和慾望。

有些源自個人潛意識的夢也許和我們兒時未解決的問題有關。對父母又愛又恨的矛盾情感，對某些事情的恐懼和困惑，或丟臉的意外和萌發性慾產生的羞愧，這些都是青少年時期會遭遇的難題。年輕的心智也許會將這些情感推入潛意識來保護自己，但是這樣做並不會讓它們消失。被壓抑的情感潛伏在日常生活的表面之下，會在我們成年後再次出現，引發無法解釋的沮喪、

自卑、焦慮、愧疚、自責等，甚至可能發展出奇怪的恐懼症。

壓抑情感所引發的夢也許會讓人感到惶恐不安，例如被看不見的力量恐嚇、被一雙巨大的手壓制在水面下、被可怕的人追趕，甚至目睹某些殘忍的行為。某些人的惡夢會讓他們害怕得不敢睡覺，然而即使是最可怕的夢也有其目的，讓我們注意到未解決的創傷，讓我們開始著手處理這些縈繞在心頭的不愉快記憶。

人們成年之後很少會壓抑不愉快的經歷，而是採用另一種形式的自我保護，也就是否認。我們也許會被別人的伴侶吸引，或對某位家庭成員感到憤怒。我們也許會懷疑自己的工作能力，或懷疑宗教信仰和政治信念的本質。如果我們否認這些問題的存在來欺騙自己或他人，那麼潛意識便會將它們帶進夢中。心理健康的關鍵是誠實地面對自己，只有正視自己的問題，才有機會解決這些問題，或與這些問題和平共存。

幸好，源自個人潛意識的夢也可以非常愉快，喚起我們曾經度過的美好時光，或是重溫年幼時單純的快樂。個人潛意識自由游走於不同的時間和地點，提醒我們具有價值的東西從不會被遺忘，包括我們在生活中收穫的智慧。這類型的夢也許讓我們注意到自己尚未被發掘的能力，幫助我們開啟新的天賦和興趣。

某些人說他們的第二層夢幾乎都很糟糕。但是在實驗中，許多從快速動眼期醒來的受試者都說自己做了一個愉快或充滿感情的夢。一旦我們教會自己

記住夢的內容，便可以記得愈來愈多的好夢。更重要的是，當夢變得更加令人振奮、充滿活力、刺激又有意思，我們就能更充分地欣賞自己的夢；夢確實為我們的經歷提供了一個全新的空間。

源自集體潛意識的夢境（第三層夢）

榮格將來自集體潛意識的夢形容為「宏大」或「偉大」的夢。與第一層和第二層的夢相比，第三層的夢非常罕見，可能我們一生之中做第三層夢的次數寥寥無幾。偉大的夢會對我們產生深刻的影響，並且留下清楚的記憶。這些夢似乎源自我們外部的世界，它們所透露的智慧可能來自他者的心智，甚或更高層次的力量。

第三層夢所要傳遞的訊息也許會經由原型人物（見第 24-26 頁），也許會利用一個我們都認識的人作為信差，甚至是某位已經去世的人。一直以來，許多人都聲稱在夢中見到了已故的摯愛，對方會向他們保證來世再相見。有些人提供了無法透過「正常」管道得知的事實，證明自己所經歷的超自然現象（見第 258-263 頁）。這些預知、通靈及心靈感應也許可以透過集體潛意識——一個所有人類都可以分享的意識池塘，包含自我之外的所有心智——而得到部分解釋。

無論是讓我們發掘個人潛能或內在靈性，或是讓我們與神靈取得聯繫，這些偉大的夢都可以被視為發展靈性層面的珍貴媒介。如果它們挑戰我們

固有的信念和生存方式，暗示我們的生活需要重大的改變，其散發出的力
量也許會使我們感到不安。然而這類夢境通常也會喚起深層的愉悅，讓我
們相信自己是一個巨大的群體中不可或缺的一部分，每個人都在其中扮演
了重要的角色。

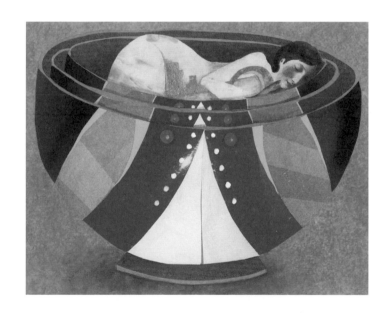

2 號夢工廠

DREAM WORKSHOP NO. 2

斯圖爾特，高收入的 IT 顧問，非常享受自己二十幾歲的人生，他有很多朋友，沒打算要安定下來，也不追求什麼生命的意義。

日落時分，一隻天鵝飛來，落在一片美麗的湖泊上。湖面上有大群的鴨子和其他水鳥，還有划著船的漁夫。天鵝拍打翅膀的聲音很響，在水面上濺起了很大的水花，驚動了所有的水鳥，打翻了所有船隻，漁夫只好游回岸上。天鵝潛入水中之後再也沒有出現，過了一段時間，斯圖爾特有點擔心，但天鵝還是沒

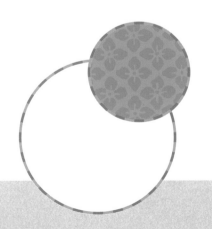

有浮出水面。斯圖爾特開始思考，如果天鵝的翅膀被水濕透了，她（他將天鵝預想為雌性）飛不起來了，他該怎麼做才好？斯圖爾特坐在一艘傾覆的船上，面前擺著一台電腦。他上網搜索關鍵詞「天鵝之歌」，但是四周的光線愈來愈暗，他看不見電腦上寫了什麼。斯圖爾特向水中看去，發現水中有很多滑鼠，拖著長長的尾巴，就像鱔魚和蝌蚪一樣，在水面下憤怒地游來游去。

解析

敘述的一開始揭示了第三層夢，也就是最深層夢境中的元素：**天鵝**是美女、王權和性的象徵；**日落**代表下降進入潛意識的世界；**兩棲的水鳥**與水、風元素有關，分別代表潛意識和靈性領域。**漁夫**象徵深入潛意識中搜尋智慧的人；在此，漁夫的出現更進一步強調了這種暗示。

一切看起來都很美好，直到**很大的水花**擾亂了整個場景，也許代表了斯圖爾特的批判及可能的懷疑意念。水鳥展翅飛起，漁夫棄船而去，上岸尋求「安全」。儘管如此，斯圖爾特仍然坐在**傾覆的船上**，處於不穩定的狀態。

斯圖爾特非常關心潛入水中的天鵝。如果一個人深入了潛意識，還會回到正常世界嗎？他試圖透過理性的思考來解決問題──他的**電腦**象徵著這一點，他卻發現這種方式無法為他提供答案。他往水裡看，沒有看到**魚**（棲息在深水中的生物，是生育與重生的象徵），卻看到了**滑鼠**，一種不屬於自然元素的人造

物品。

　日落時分的美景與了無生氣的電腦和滑鼠形成了鮮明對比。斯圖爾特總是說自己「不追求生命的意義」，但是他的夢似乎在告訴他，他內心更在乎的是生命而非現代科技。

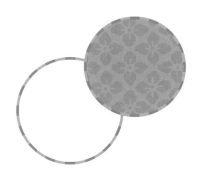

夢經常玩文字遊戲和聰明的雙關語。滑「鼠」一詞也會讓人不自覺聯想到動物，於是夢境巧妙地將這個電腦配件置於自然的環境中，也許是在暗示做夢者常用邏輯思維來分析一切，有點過頭了。

CHAPTER

Basic 2
Dream Skills

解析夢境的
基礎技巧

剛起床的時候，你也許很有自信不會忘記剛才做的夢，但是往往一、兩個小時後，它們就消失不見了，真是令人抓狂！這一章會教你幾個基本技巧，幫助你記住更多夢的內容，描述常見的夢境類型，並概述各種解夢方法。體認到仔細回想夢境對我們有多大的幫助，正是發掘潛意識資源的第一步。

如何留住夢境

我們每天晚上會做長達兩個小時的夢，但是很多人說他們從來不記得自己做過夢。為什麼呢？我們的心智能夠區分夢境與現實，所以當我們要從睡夢中轉醒時會經歷一個過程，以確保我們能夠在清醒時用不同的方法回想起夢的內容。然而從小，大人就教我們不要把夢當一回事，所以我們天生記住夢的能力會慢慢退步也就不足為奇。

　　幸好，這裡有些實用的基本技巧可以幫助你找回記憶夢的能力，在此歸納為以下三點：

1. 和你的夢交朋友。

2. 採取積極的步驟去記住它們。

3. 在清醒的時候留心觀察。

「和夢交朋友」，意思是將它們看作精神生活重要的一部分；歡迎它們的到來並且心存感激，承認它們的價值。在白天時重複對自己說「我會記住我的夢」，讓這個意念貫穿你的潛意識，尤其是在晚上進入深度睡眠時。還有，你必須了解，有些夢像極了那些讓人一不小心就沉迷的白日夢，其中很大一部分將我們的意識心智與其他兩個較深層的潛意識心智──個人潛意識和集體潛意識──連結在一起。

第二個技巧是訓練自己去記住夢的內容。在起床之前靜靜躺著，讓身體保持做夢時的姿勢，眼睛先不要睜開，避免去想即將展開的這一天會發生什麼事情。當昨晚的冒險故事再次回到你的腦海，趕緊將它寫在「夢日記」上，並將日記放在床邊容易拿取的地方。這麼做有助於在記憶中確定夢境，而且如果忘了，你還可以去看日記。記錄夢的時候一定要克制自己，不要立即進行解析──晚點再做也不遲。解析會牽涉到你的意識心智，從而對你的夢境回溯造成約束，甚至扭曲你對夢境的記憶。如果你的腦中立刻就出現了聯想，非常好，但是不要繼續探究下去。出於同樣的理由，不要立刻就給夢貼上愉快或討厭的標籤，或試圖分辨它來自哪一個層面的潛意識。在這個當下，它

就只是夢而已。

　　同樣地，你該試著留意能夠幫助回憶夢境的任何特殊條件。常有人說在度假的時候特別容易記得自己做的夢，也許是因為在那個狀態下很放鬆，又不趕時間；或是維持某種特定睡姿的時候，或是在中午或午夜前先小睡了一會兒的時候，做夢的內容會更容易回想起來。無論何時何地，儘可能充分利用能幫助你回憶夢境的任何東西。

　　第三個技巧便是學習集中注意力，也有人稱之為「正念」（mindfulness）。用心留意周遭的事物，不要老是被偶爾閃現的念頭帶走，失了神。冥想可以提升專注力。簡單的冥想練習只需每天花上幾分鐘，最好是在固定的時段，靜靜地坐著，並將注意力集中在呼吸上。你可以想著你吸氣呼氣的鼻子，也可以想著起伏的腹部。如果一不小心失神了，只需輕輕地將思緒拉回到你的呼吸上即可。隨著注意力的提升，這種感覺會被帶入夢中，讓你對夢中的事物更加警覺。如果你想探索更進階的夢境體驗，這個技巧將會非常重要（詳細可見第六章）。●

Chapter 2 解析夢境的基礎技巧

COMMON
DREAM CONTENT

常見的夢境主題

美國心理學先驅霍爾（Calvin Hall）博士向一般大眾蒐集了一萬多個夢，以找出最常見的夢境主題。他的研究顯示，雖然存在著文化差異，但世界各地人們的夢在主題上十分相似。而且我們每個人似乎都體驗過這套特別的主題，這些主題會規律地重複出現在我們的夢中。

環境

霍爾的數據顯示，若以場景來劃分，房子和建築物列於名單首位。客廳是人們夢中最常見的環境，其次是臥室、廚房、樓梯，還有地窖或地下室。辦公場所的出現頻率比住家來得低。夢的解析當然因人而異，不過研究人員發

現，很多人會將住家和自己聯繫在一起，不同的房間則顯示了生活中的不同面向。客廳通常代表公開、共享的自我，臥室代表更深層、更隱私的自我，廚房也許象徵需求和品味，樓梯通往的地方則與生活中的事件有關，地窖或地下室通常象徵被隱藏起來的，甚或令人感到不安的潛意識領域。

人物

最常出現在夢中的人物，大約有 1/5 是家人，超過 1/3 是朋友或認識的人，而幾乎有一半是陌生人（其中只有 1% 是名人）。對於這種情況有一個可能的解釋，我們夢見家人的需求比較少，因為我們通常都知道自己對他們的感覺，但是朋友或陌生人總是比較容易引起我們的興趣。女性夢見的人的性別比例比較平均；男人夢見男人的比例比夢見女人多一倍，也許是因為男人從其他同性身上感受到更大的競爭壓力，並且將這種感覺帶到夢中。夢中只有自己一個人的比例則占了 15％。

活動

霍爾的研究指出，夢中最常見的活動是行走，而不是其他更富戲劇性的行為。其次是跑——另一種我們每天都會做的事，然後是騎車、說話、坐、看、與人聊天、玩、體力勞動、吵架，最後是打架。暴力行為是最少見的，這一點很有意思。此外，節慶和度假活動都不在名單中，也許是因為類似的活動

經常出現在第一層夢中，比較難被記住。

情緒

　　研究統計，夢中產生的情緒有 64% 是不愉快的，只有 18% 是愉快的，其餘推測為中性。這一點似乎與另一個事實互相矛盾：大多數的做夢者對夢的整體印象是愉快的（愉快占 41%，不愉快占 23%，其餘為中性）。這也許是因為愉快的情緒要比不愉快的情緒更強烈一些，或是因為清醒的心智壓抑了那些讓人痛苦的細節。

　　人們在生活中經常會感到焦慮，這也是做夢最常體會到的情緒，這一點不足為奇。夢見墜落、溺水、沒趕上火車或飛機、迷路、遺失或弄丟重要的物品，無論是直接的還是象徵性的，都與清醒時的焦慮有關。不明所以的憂慮或隱藏的威脅，通常會在第二層的夢中出現，而且通常源自童年時期的恐懼。

　　毋庸置疑的是，因苦難、生活中遭遇的不公和他人無法接受的行為等而引發的憤怒，是夢中第二常見的情感。排在其後的是幸福感和興奮，有時會反映出幼時的天真樂觀。這種積極的夢能非常有效地提醒我們，人生中充滿了快樂的潛能。排在最後的則是悲傷，在我們的生活中隱藏得最深而且最能激起他人憐憫的情感。

　　當然，在某些情況下，夢的情感面有可能是中性的，這並不表示它們就缺乏樂趣。和其他的夢一樣，這些夢充滿了象徵符號和意義，值得解析。中性

的夢也許暗示了做夢者各方面的情感都很平衡，少有極端情緒。對於某些人來說，中性的夢可以暫時逃離日常生活，進入另一個維度，不用努力奮鬥，單純享受自我就好。●

3 號夢工廠

DREAM WORKSHOP NO. 3

做夢者

　　茱麗葉，32 歲的律師，正準備和相戀 5 年男友結婚。她的父母在她 11 歲的時候離婚，鬧得很不愉快，而她感覺這件事情仍舊對她和妹妹的生活有很大的影響。

夢境

　　茱麗葉發現自己站在電梯裡，而電梯在一座很小但內部很寬廣的大教堂裡面，她體驗到一種強烈的熟悉感和憂傷。她尋找頂樓的電梯按鈕，她原本打算在那裡與未婚夫和他們的孩子（現實中還未出生）共進晚餐。她看著按鈕上的數字，發現所有按鈕的順序都被打亂了。突然，電梯開始移動，每經過一個樓

層，茱麗葉都能透過門上的小窗看到兒時家中的椅子、花瓶和其他物品。當電梯上升到教堂的一半時，茱麗葉突然發現自己出現在一間臥室裡，一眼看去既陌生又熟悉。她的妹妹坐在臥室中間織手套，編織好的手套已經堆成了小山。妹妹要茱麗葉和她一起織，但是茱麗葉非常慌張，因為她要遲到了；她同時又感到悲傷，因為電梯不見了。茱麗葉想把這種哀傷的感覺說給妹妹聽，卻沮喪地發現自己不能說話。

Interpre 解析

現代化的**電梯**出現在一座古老且神聖的**教堂**內，這種巨大的反差暗示茱麗葉內心強烈的動盪，也許是擔心自己即將為人妻、為人母，以及她亟欲忘記家中不愉快的過去。

找不到正確的**電梯按鈕**，非常典型地象徵了對未來的焦慮，從她即將面對的人生重大轉變來看，倒也合情合理。

從電梯門上瞥見的**家具**，讓茱麗葉想起了令人懷念的人生經歷，而這些經歷使得她成為現在的她。電梯停在一間既陌生又熟悉的**臥室**，也許象徵過去和未來的交會點，而妹妹的**編織**行為則反映出茱麗葉內心對於過往的糾結——一種令她內心感到恐懼的推力。

手套常被解釋為親密的象徵（英語中有「hand in glove」一說，意思是「密切合作，互相勾結」），有時是性的象徵（兩個身體部位緊密結合）。妹妹邀請她一起織手套，也許是為了向她保證一切都會好轉。儘管如此，茱麗葉仍舊感到悲

傷，一方面是後悔過去失去幸福的機會，一方面是擔心無法滿足未來的丈夫和孩子的期望。

發現自己**無法說話**，也是焦慮夢境的另一種普遍特徵，暗示情感上的孤立。為了不要讓自己最後只剩下往事和回憶，與他人建立聯繫非常重要。茱麗葉必須確保自己的過去不會扼殺了她對於幸福的期待。

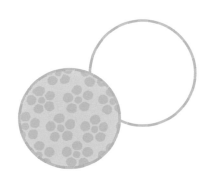

當家人出現在夢中，這條線索或許暗示了問題的根源來自過去。如果夢境中充滿了悲傷和驚慌的情緒，很有可能是根深柢固的家庭問題沒有得到解決。這種充滿焦慮的夢很少會提出解決辦法，而是強調走出過去、活在當下的重要性。

雖然夢境的細節存在著極大的差異，但它們都取材於我們的生活經歷，所以我們往往會有類似的夢境體驗。那些隱含強烈情感和主題的夢尤其容易表現出這一點。

反覆的夢

反覆的夢或是重複出現的主題，向我們展現了隱藏在潛意識中特別重要的問題，通常與個人潛意識有關，偶爾和集體潛意識有關。這樣的夢讓我們注意被忽視的隱憂，映照出我們自身最重要的面向。反覆發生的夢境常會引起焦慮，當潛在的問題獲得確認並解決之後，通常就會停止做這樣的夢。出現

重複主題的夢通常令人更加愉快，而且有可能在多年後會再做同樣的夢，彷彿是在向做夢者反饋現在的生活情況，或試圖透過變動去澄清並改變夢中的訊息。這兩種夢都有助於洞悉潛意識的擔憂或矛盾，並且為內心或外在世界可能發生的改變提供寶貴的見解。

性夢

佛洛伊德認為，夢的探險是存在於**人類本性中對性的慾望和具有侵略性的衝動**的表現。我們的社會教養壓抑了這些衝動，只能透過夢的象徵和掩飾來表達自己。現在大多數的夢學專家都認同，夢遠遠不止是性慾的滿足。儘管如此，性仍然是經常出現的主題。幾年前出版的一份調查報告宣稱，有 85% 的男人和 72% 的女人都曾經做過和性有關的夢，這個發現挑戰了佛洛伊德的論點：性夢會偽裝自己，好避免引發意識心智的審查機制。但是我們在說的「性夢」，究竟指的是什麼呢？如果我們只是說那些夢會激發性慾，那麼被做夢者認定為「性夢」的百分比也許會變低很多。但如果這「性夢」包括了性主題，例如裸體、愛撫和性暗示，即使排除性交，百分比應該會比現有的調查結果更高。

佛洛伊德的性夢理論在 19 世紀末的維也納備受爭議。在維也納，性就像黑暗的祕密一樣令人害怕，從沒有人敢提及它。到了今日，很多人，甚至是那些體驗過性愛的人，談起性還是充滿焦慮。即使是在現在這樣強調個人主

義的年代，同儕壓力——性行為頻繁、性高潮或勃起、性經驗豐富——也會成為一種強大的壓力，在混亂的夢境中表現出來。

當你夢見自己在進行性行為時有人在一旁觀看，這也許就反映了同儕壓力，或者在一段穩定的關係中有其他成年人對你造成某種情感上的威脅，比如對方的父母、兄弟姐妹甚至朋友。這些人可能是嫉妒你、覺得你配不上對方，或者認為這段關係建立在性愛而非情感之上。如果確實有這樣的人，可以想想該怎麼做才能解開他們的誤會。正確的做法應該是與你的伴侶討論，而不是向旁觀者發出明確的訊息。記住，其他人的感覺與你無關，如果有人對於你的性關係或情感關係感到焦慮，那是他們的問題，不是你的。

夢經常可以顯示我們不合時宜的慾望，這慾望的對象也許是我們的老師、醫生、水電工、房客或兒女的青少年同學。想要與他們發生關係的這種想法也許曾經在我們大腦中閃現，如果真是這樣，潛意識可能會將這種轉瞬即逝的感覺儲存在記憶中，而我們的意識心智會將這些想法清掃到一邊，丟入被劃分為「匪夷所思」的垃圾桶中。

還有另一種可能性，也許我們被這個人的某種特質所吸引，也許是某些在我們自己或伴侶身上所缺少的特質。甚至有可出於某種嫉妒的心理，並不是討厭，而是**想要成為**像他／她那樣的人。潛意識會惡作劇地將這些感覺轉換成性吸引，但實際上是源自於心靈上的吸引。

較為清晰的性夢也許在暗示現實生活中的性造成的緊張或挫折，然而更深

層的意義需要透過解夢才能更明朗。也許性夢透露的是一種結合自我各個方面（身體與心智、意識與潛意識、外在與內在）的慾望，一種為人父母的期盼，一種克服社會差異和界限的需求，甚至是融入這個世界的渴望。

惡夢

一般而言，情緒幫助我們解釋夢境，但是碰上惡夢時可就不一定了。惡夢通常令人不安，產生的**情緒大多是恐懼**，然而它們**想要告訴我們**的是產生這種情緒的**緣由**。有時原因非常明顯，可能是我們面臨被射殺、被毆打或被傷害的危險中。有時原因很模糊，也許是某些看似無害的東西觸發了恐懼，比如一扇慢慢關上的門、一個封閉的盒子，或是一個背對坐著、沉默不語的人。

研究顯示，經常做惡夢的人的本性相對較為坦率且敏感，也許是某種遺傳體質讓他們容易在夜裡驚醒，尤其是在找不到證據證明其幼時受到壓抑或創傷的情況下。成年之後開始出現的惡夢通常與危及生命（例如車禍）或可能打擊自信（例如重要的面試或考試）的事件有關。這些人傾向於再次體驗相關的事件，彷彿潛意識需要他們不停地重複這些夢，直到他們完全接受並且放下了這件事。

但是為什麼夢需要把自己轉變成惡夢？答案很簡單，潛意識不會注意到這種夢所產生的情感影響。而當意識心智感受到悲傷時，便會將我們從睡夢中喚醒。另一個可能性是，惡夢是最容易讓做夢者留下深刻印象的方法。在第

二天早上醒來時，很少有人會忘記自己剛才做了一個可怕的惡夢。

惡夢其實並不是為了要引發我們的恐懼，如果我們能夠學會面對夢中這些恐懼的源頭（例如**轉而對抗匿名恐嚇**），它們就會**立刻**變得無害或消失。一旦找出惡夢的意義，它通常就不會再來嚇唬我們。●

奔跑
被追趕？
追求？
有希望？
無望？

雪
障礙？
歡慶？
純潔？
孤獨？
改變？

影子
恐懼？
隱藏？
安全？
欺騙？
自我？

情緒暗示
壓抑的？
危險的？
激勵的？
絕望的？
麻痺的？

4 號夢工廠
DREAM WORKSHOP NO. 4

潔西卡，9歲，天資聰穎，在學校被兩個同學欺負之後，變得很沒有自信和自尊心。這兩個女生名叫德希莉和麗莎，本來是潔西卡最好的朋友。

夢境

潔西卡在學校的教室，老師走進來要所有人排成一排走出教室，因為「惡龍來了」。教室裡的氣氛很緊張，但是沒有人驚慌，大家排成一排走到操場上。潔西卡一開始排在隊伍的前面，結果等她發現時自己不知怎麼地就落到了隊伍後面。現在德希莉和麗莎走在前面，不時轉過頭去看她並一邊竊笑。不一會

兒她就和其他人一同站在操場上，她看見火光和煙霧從學校窗戶冒出來，還能聽到惡龍的怒吼聲。突然，一輛車停在學校外面。潔西卡知道這輛車是來救她的，於是她上了車，急切地想要離開。車子發動後，她從後座跟所有的同學揮手再見，但是沒人回應她。

Interp 解析

夢的背景是**學校**，這並不奇怪。所有的孩子都會去學校，一起玩耍，一起學習，而且對她這個年齡的孩子來說，學校是最主要的焦慮源頭。

在孩子眼中，**惡龍**是強大的象徵，是焦慮的化身。牠進入學校，將教室變成充滿恐懼的場所，讓潔西卡不能回去。前來救她的**汽車**象徵著她想要逃離的心情——如果這輛車像平常一樣帶她回家，那這個象徵就更有說服力。她一坐上車之後，就和她的同學們分開了——那些同學**沒有向她揮手**，也許是因為她感到無助，因為班上沒有人主動幫助她對抗欺負她的人，也有可能是她覺得大家都不喜歡她這個受害者。

潔西卡**在隊伍中的位置從前面落到了後面**，顯示了童年時期的不確定性。每件事情都變化得很快，此刻這個孩子很受歡迎，下一秒又會失去人氣。友情對孩子來說非常重要，影響了他們看待自己的方式，也會影響他們的情感世界。潔西卡**以前的朋友**取代了她在隊伍前排的位置，表示她們控制了她的情感。

被欺負過的孩子通常內心都會受到傷害，而且會影響他們一生；恃強凌弱甚至樂在其中的霸凌者，他

們自身的發展也會因此而受到限制。一個敏感的 9 歲孩子遭遇霸凌時，根本無力改變這樣的情況。父母可能會告訴她，若是表現出痛苦可憐的模樣，只會讓那些欺負她的人獲得快感，所以最好的方法就是對那些人置之不理。聽起來很容易，實際要做到卻很困難。潔西卡需要更多的愛來幫助她度過這段時期，入睡前和父母一起度過的愉快時光有助於緩和她的憂慮，並且能夠防止這些憂慮進入她的夢境。如果情況一直沒有好轉，潔西卡的父母就需要提醒校方注意這樣的霸凌行為。

真實或想像中的動物經常會出現在小孩子的夢裡，反映出牠們在兒童讀物中的地位。不要以為像惡龍這類生物只是一種異想天開的娛樂產物，你的孩子在夢中對這種虛構的生物愈入迷，它所象徵的焦慮就愈強。

與夢境對話

METHODS OF INTERPRETATION

與其說解夢是門科學，不如稱其為一種藝術更為貼切。對於夢的含義，我們不無端猜測，而是必須考慮到做夢者身處的環境和人生經歷，以及夢中所出現的事物。夢的情感基調，以及對做夢者造成什麼樣的影響，這些都很重要。這也是為什麼替每一個象徵符號下了標準定義的解夢字典總是會造成誤解——除非解析讓你產生了共鳴，否則它很有可能是錯的。

許多實用的解析準則都源自佛洛伊德和榮格的作品，兩人都認為，歷史上的偉大神話和傳奇中常見的主題，同樣也會出現在夢中。這種源於深層潛意識的主題揭示了人類的心理、道德及愛情狀態。佛洛伊德、榮格和其他心理學家的研究都顯示，在心理治療期間，夢境所代表的含義闡述了當事人的意

識狀態。這也表明萬事萬物（包括現代物品）都具有典型的象徵意義。出現在夢中的汽車對很多人來說暗示著旅行、力量以及性，對於那些曾經遭遇過車禍的人則暗示著恐懼和生命危險。

霍爾對常見主題的研究（見第 48-51 頁）說明了直接坦率的審視方式對於解夢的作用。以先前提到的房屋為例，若夢中的房子代表自我的投射，你需要仔細檢查屋內的細節，每個房間分別與哪種情感有關？在這個房子裡有感受到幸福嗎？或是覺得冰冷又危險？是整齊乾淨的房子還是堆滿了雜物？大門是敞開的還是緊閉的？

佛洛伊德和榮格都根據「聯想」發展出解夢的方法——從一個單詞、一個物品或一張圖片所描述或暗示的內容，引導至另一個解夢的關鍵詞。佛洛伊德認為，夢境之所以會使用這些象徵性的語言，可能是因為它若顯露出真實的意義，會讓人感到不安、興奮並且將意識心智從睡夢中喚醒。另一種解釋是夢會利用隨機的方式，取用任何可為其編造故事的影像，留給做夢者自己去體會其中的隱含意義。無論真相是什麼，研究個別圖像與自身之間的關聯性能幫助你找出真相。如果夢的起點是一個幾何圖形或原型人物，自由聯想和單詞聯想都會非常有效，因為這些方法可以打開最豐富的聯想寶庫。我們應該時常仔細觀察，看看這些東西是否經常出現在我們夢中的某處。

自由聯想

佛洛伊德提出的自由聯想解夢法（free association works），是從夢中的一個影像開始，讓思緒自由發揮，由一個聯想啟發另一個聯想，然後衍生出一連串的聯想。夢中出現的一本書也許會讓你想到閱讀，而讀書也許意味著想法，接連出現一連串的聯想，例如冒險、山脈、登山、路徑、寺廟、鐘、朝聖者、禮拜、心靈，最終引導至神性。這時做夢者會意識到「神性」這個詞其實蘊含著特別的影響力，促使他承認自己長時間以來一直忍受著精神上的焦慮，卻總是想要將其隱藏在書本和抽象觀念中。既然承認了這一點，那麼做夢者就能分辨出自己的精神焦慮起源於隱藏至深的罪惡感和自我價值感的低落。這一點反過來暗示了他應該減少對邏輯與智力方面的追求，並將更多注意力放在療癒受傷的情感上。

與其他的解夢方法一樣，自由聯想不可能萬無一失，但仍然不失為一種打開潛意識資料庫的好方法。你可以在同一個影像上多次使用自由聯想，但如果沒有任何一個聯想讓你產生強烈的感應，你就應該嘗試另外的影像，或者靜靜等待，直到其他夢境為你提供更多的訊息。

直接聯想

榮格認為自由聯想會讓做夢者過度脫離自己的夢，這個方法確實可以獲取一些讓你進入潛意識的重要見解，但是這些見解不一定是這個夢所想要傳達

的。榮格更喜歡一種名為「直接字詞聯想」（direct word association）的方法，這種方法並不是用一個關聯去引出另一個關聯，而是每次都需要返回最初的聯想主題。你可以將夢中出現的物體或影像寫在一張紙的中間，然後將所有的聯想寫在周圍。讓我們用「書」來舉例，可能會出現以下的結果：

這種方法可以讓做夢者更深入探索與夢中同一個影像相關的所有聯想，並將它們視為一個整體來進行考慮。思考上述例子中的所有關聯之後，做夢者也許會坦承他一直有心想成為一名作家，但因為害怕被拒絕而讓他不敢嘗試將這番野心變為現實。這個夢提醒了他，創作是他天性中非常重要的一部分。

夢中的對話

另一種解夢方法是與夢中的人或物進行對話，它們通常代表你內在的不同面向，進行假想對話能夠幫助你釐清它們各自所承載的意義。

靜靜地坐著，閉上眼睛，在腦中想像你想要對話的夢中人、物或動物，然後詢問他們想要告訴你什麼。不要試圖去「創造」答案，讓所夢之物自己回答。如果你想要它們不要再來煩你，那就告訴它們；如果你想要再次見到它們，可以邀請它們回來。試著與之交換位置，想像對方在透過你講話。對話結束之後，輕輕驅散你腦中的畫面，睜開雙眼，回想這段對話。

但是如果這人物是你在現實世界裡認識的某個人，或是你覺得這個人代表的是他自己，而非原型人物或者你自身的特質，那就不太適合用這個方法。你也許會在他們說的話中加入自己的一點偏見，以至於導出不正確的結論。在這種情況下，你最好問問自己，為什麼你會夢見那個人？你們之間是不是存在著沒有解決的問題？若是如此，是否有解決這些問題的辦法？

夢的延續

很多夢似乎都過早結束，留給我們一種意猶未盡的感覺，缺少了一個重要的結局。透過想像這些夢的終點，有時我們可以再次進入這個夢境，讓其延續下去。對於結局不必太過認真，好像你還在夢中而且必須把它做完一樣，總是會有不準確的風險發生。要注意的是，不要讓意識心智接管了你的夢，按照自己的願望來安排結局。試著讓你的心返回夢中，連上夢境的源頭——深層潛意識。

在夢中保持清醒

東方的靈性傳統主張人們可以在半夢的狀態下體驗現實的本質。許多練習與修行都是為了讓我們能更專注於體驗現實本質，打破常規與常態，調整我們模糊的感知能力。如果我們連清醒時都心不在焉，那麼睡著之後更不可能專注。我們都忽略了一項事實：相較於我們在清醒時的學習，夢對於我們大腦的發展同等重要。

在做夢時保持清醒的方法有很多，在本書後面的章節中將會介紹。但是剛開始的時候，你需要練習的是自問怎麼知道自己現在不是在做夢？你從哪一點發現自己是清醒的？你在夢中觀察到什麼？記得每天都要這樣問自己，多練習幾次。

注意夢境細節

解夢時，關於夢境的細節當然是愈多愈好。你可以試著記住以下幾點：

- **為什麼你會做那樣的夢？**

即使是源自前意識的第一層夢，夢中出現的大多是熟悉的事物，這些事物仍是經過篩選的。那麼，夢篩選了什麼樣的細節？為什麼？

- **夢引發了怎樣的情緒？為什麼？**

夢中的情緒和感覺就像夢的情節一樣，通常沒什麼邏輯。做夢者可能會被看似平常的瑣事給惹惱，或是目擊了某個在現實世界會令人不安的場景卻無動於衷。這些毫無邏輯的情緒反應表示這些場景具有象徵意義，而這些情緒也能夠為其背後所隱藏的問題提供線索。

- **夢中是否存在特別不真實的人事物？**

夢中出現的人事物通常和在現實生活中看到的很相似，然而當其樣貌或行為出乎你的意料——動物會說話、樓梯引導人走向一個不存在的地方、刀片無法切割——那麼這些人事物必然具有強烈的象徵意義。

- **夢境的顏色是否自然？**

夢中出現的顏色有可能特別鮮豔、特別柔和，或者就和一般正常一樣。某種顏色可能到處都看得到，某種顏色卻完全沒有出現。在解讀的過程中，這種異常特徵非常重要。

- **是什麼樣的場景？**

  周圍的環境美得讓你窒息，或是晦暗單調？是讓人心生恐懼，或是讓人感到無比舒暢？是都市還是鄉下？是在室內還是室外？是寧靜祥和還是非常吵鬧？問問自己，為什麼夢會發生在那個地方？

- **你穿著什麼樣的服裝？**

  做夢的人通常不會注意自己的衣著，因而錯過了大量的象徵訊息。衣著可能象徵了我們希望別人怎樣看自己、代表了我們是誰，或我們以為自己是誰。白天的時候提醒自己，下次做夢時一定要低頭看看自己的打扮，或者照照鏡子。

- **你在夢中遇見了誰？**

  有些人最常夢到的是陌生人，而不是自己所愛的人，也許是因為他們的情感關係中並沒有存在不安定因素或是隱藏的矛盾。陌生人可能象徵著我們自己的某些面向，或是我們體驗這個世界的方式。請注意觀察其中的模式，這些人是否經常都是同一種性別？態度友好還是心存敵意？健談還是保持沉默？能幫上你的忙還是毫無用處？

解夢的難處

有些人擔心解讀夢境會解出一些寧願不要知道的事情；有的人抱怨自己的夢非常荒唐，所以不相信解讀的結果；有的人反而擔心解讀的結果是正確的。

除了來自集體潛意識的第三層夢，一般的夢都並非全知全能。獨立的人類心智從來就不可靠。儘管夢的目的在於揭示被隱藏的東西，但它們也會犯錯——它們可能會過於強調某些方面，對其他方面卻又不夠重視，甚至還可能完全忽略了些什麼。基本上，夢總會試著讓自己對做夢者有所幫助，但就像那些善意的人們一樣，用錯方法反而幫倒忙。它們「意圖」用對你有益的方法，讓你注意到那些在你可以控制範圍內的問題；如果你寧願不去碰這些問題，也許是因為你害怕改變。

至於那些荒唐的夢，確實有些夢會非常奇怪，令人疑惑，甚至無法察覺它們是從何處開始的。與其將這一個個夢全部貼上「怪異」的標籤，最好的辦法是從中出找出重複出現的主題。如果使用自由聯想或直接聯想，你可能得列出一連串的關聯事物，直到找到一個看似最合理的，而且直接指出隱藏意義的關聯訊息。但是除非你能識別出重要的因素，否則最好不要在明顯荒謬的夢上耗費太多精力，不如將時間用來研究那些條理更加分明的內容。解夢是一個漫長的過程，花在研究夢境的時間與努力永遠不會白費，不過有些夢可以給你更多的回報。

解夢和做夢一樣，並不總是萬無一失。要記得夢是一種提示、一種私語，

而不是已經確定的事實。如果某項解讀感覺不太對，它很有可能就是錯的。夢的解讀不一定會讓你感覺舒服，不過應該與你對自己的了解相去不遠。

　　人們有時會問，兩個相似的夢會不會有不同的意思。假設第一個夢的解析確定了重要特徵並且被做夢者接受，那第二個夢也許有另一種不同的含義。如果夢境被恰當解讀，得到令人滿意的答案，做夢者就很少會重複做相同的夢。●

5 號夢工廠

DREAM WORKSHOP NO. 5

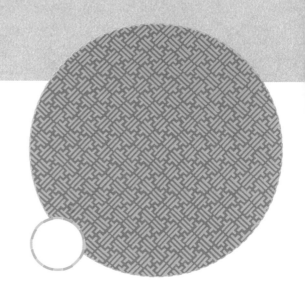

基斯，32 歲，瑜伽老師。他的工作順利，目前的學生都很忠誠、熱情、慷慨大方，所以他也充滿自信，他認為自己的工作很有價值。但他也擔心自己將資源和精力都投入當下，對於未來尚未有任何實際的打算。

基斯看到一扇大大的木頭門上有一個亮亮的招牌，上面閃著「你好」。他好奇門後面是什麼，決定打開門去看看，心情既激動又害怕。他發現自己進到了一個小房間，唯一的出口似乎就是剛剛走進來的那扇門，在他面前則是一幅巨大的紅色天鵝絨布簾。

他的手機響了，但是接起來之後

沒人說話，反而是布簾後面伸出一隻戴著緞面手套的手，手裡拿著一把金鑰匙。電話再次響起，又出現了另一隻穿著白襯衫的手，袖口有個漂亮的袖扣，手裡則握著一個捲軸。基斯大聲叫道：「你是誰？誰在那裡？」但是沒人回應。此時第三隻手出現了，手臂赤裸，手裡端著一盤看起來很好吃的水果。基斯覺得好像有人在看著他，他不知道該怎麼辦。他認為在這些東西中，有一個是通往布簾另一頭的通行證，但是哪一個呢？也許他應該原路折返？他轉過身，那扇門卻消失了，取而代之的是一扇窗。窗外是一幅明亮的風景，有連綿起伏的山丘，其中一座山頂上有一株開花的櫻桃樹。

解析

門既代表入口，也代表出口，然而在這個夢中，似乎可以解釋成新的開始、新的機會——閃著歡迎字樣的招牌表明了這一點。但是基斯所進入的那個**房間**很小，這或許暗示了他所能看到的機會很有限。

在神祕莫測的夢中，基斯看見一幅大大的**紅色天鵝絨布簾**，這暗示著房間比他想像的大很多。布簾也暗示著劇院和虛構的東西，也許基斯人生中的新機會只是一個幻象。

然後是那**三隻手**，它們的出現表示新的機會或轉機確實存在。第一隻手戴著**緞面手套**，拿著**金鑰匙**，似乎在暗示金錢上的成功。第二隻手，**白襯衫**和**捲軸**，似乎代表一種專業化的人生。第三隻**赤裸的手臂**和**水果**，似乎代表健康和療癒，雖

然相對比較貧窮，但擁有個人滿足感和對未來的展望。另一種可能性來自做夢者身後明亮的景色。如果他保持現有的生活方式，還是有可能結出果實（取得成就），**開花的櫻桃樹**暗示了這一點。

這個夢是要告訴基斯，他不應該被表面的機會所欺騙，或者，他看到的這些機會是真的為他而來嗎？**手機**鈴聲響起也許代表他想要獲得更多的訊息，但是沒人說話，這表明了基斯只能從自己身上找到答案，而不是求助於他人。

夢通常不會清楚告訴你，像禮物一樣堆在你眼前的象徵符號究竟是可信的或是虛假的——如果周圍環境出現了和戲劇或劇院相關的元素，可能就是在提醒你小心虛假的朋友。這個夢展示出如寓言般的選擇，就像聖杯傳奇或童話故事中的情節，只有基斯才知道這些選擇是真正的解決辦法或是危險的誘惑。

我們現在明白了解析夢境可以相當複雜，通常還會出現模稜兩可的解釋。我們也許會探索一系列夢境的一連串意義，過程有時長達好幾個星期，甚至更長。這是一種循序漸進的自我探索過程，幫助我們去理解並開始解決自身的某些問題。事實上，將問題提交給做夢的自己也是一種探索。心中帶著疑問上床睡覺，進入心靈詢問模式。你可以透過古老的傳統儀式將其形式化，在燭光中冥想，將精神集中在蠟燭上。然後，你可以向潛意識提出一個問題，謙遜地請求它在夜裡賦予你知曉答案的特權。

第二天醒來的時候，你在夢中搜尋問題的答案。夢中的象徵符號和你的問題之間的聯繫也許難以捉摸，在這種情況下，你可以進行假設：如果夢境告

訴你如何在下週演講時**不會緊張到舌頭打結**，那這個夢代表了什麼呢？這個過程很像使用塔羅牌，需要透過潛意識的天生智慧找出神祕圖像中隱藏的重要意義。

進行這種儀式之前，最好找一個有客觀答案的問題來做練習，例如字謎。要入睡時，在腦海中反覆想著這個字謎，告訴自己，**夢會找到答案**。早上醒來**回顧**夢境時，答案會以象徵的形式出現。

最近的研究表示，我們可以透過類似的經驗來促進大腦的神經連結，增進記憶，並且在年齡增長的同時保持大腦的活躍。由此可知，夢不僅提供心理上的治療，幫助我們解決情感問題，還有益身體健康。

身體方面的問題需要適當的藥物治療，但也可以透過夢來吸收潛意識的力量。比如背部有問題的人，會習慣性地認為自己的背「不舒服」。但你只需要在白天及睡覺前不時告訴自己「我的背好得很」「我的背擁有自行療癒的能力」。如果每天晚上我們都想像自己毫無疼痛、活動自如，這個畫面就會進入夢中，向我們的身體傳達這個經過強化的訊息，告訴身體我們希望被療癒——而且我們一定能做得到。●

夢的觀想

VISUALIZATION

提高觀想的技巧，可以提升控制夢境的能力。我們已經了解如何透過密切關注當下的場景，幫助你豐富夢中的生活（見第 46 頁）。我們不僅可以鼓勵自己多留心在清醒世界中所見過的不同場景，來提升這種天分，更可以進一步觀察這些場景，關注其中細節。在你當前所處的場景之外有什

麼？光線如何影響了你所看到的東西？試著積極注意你所處位置周圍的圖案、光線、色彩、質地和形狀。注意你遇到的人，他們長什麼樣子？他們在做什麼？他們的穿著打扮如何？提升觀察能力可以讓你更容易記住夢境，當你想再次捕捉夢中突然出現的象徵物的精確外表，成功的機會就愈大。

你可以在白天適度地練習，留心生活周圍的物品——也許是你打算用來做早餐的香蕉——仔細觀察它的所有特徵、質地、顏色、形狀、斑點。現在閉上眼睛，將香蕉的樣子鎖定在腦海中；在腦中改變它的顏色，然後再回歸正常；想像香蕉開始腐爛，香蕉皮愈來愈黑，然後顛倒整個過程，回歸到它可口的外貌；最後睜開眼睛，看看你面前這根真實的香蕉與你所想像的香蕉有多相像。

你可以用任何東西來進行這項練習，對象甚至可以是人——改變他們的樣貌，直到變成完全不同的模樣。夢中的人或物經常毫無徵兆地變換形態。不斷練習你的觀想技能，可以幫助你覺察到物體的變化，並注意到這些變化的意義。●

6 號夢工廠

DREAM WORKSHOP NO. 6

做夢者

賀瑞斯，60 歲的爵士薩克斯風樂手。他結過三次婚，有五個孩子和七個孫子。他的現任妻子不久前經歷了一次急救手術，現在已逐漸恢復健康。

夢境

賀瑞斯正在參觀妻子動手術的那家醫院，他來到此地是為了舉辦一場演奏會。但是當他打開自己的樂器盒時，發現薩克斯風變成了他不是很擅長的小號。然後整個場景發生了變化，現在他人在另一個房間，房裡還有一個新生嬰兒和一個可愛的小女孩。小女孩抬頭看著他，甜甜地笑著，並指著一個角落問道：

「你能看到那個椅子下躲著一個惡毒的女巫嗎？」他看了一眼椅子下方，但是什麼都沒有。他搖搖頭，這時他才第一次發現這個小女孩有翅膀，就像天使。這時小嬰兒開始哭了起來，賀瑞斯有些不知所措，因為他不知道怎麼安慰嬰兒。

Interpr 解析

很明顯地，賀瑞斯的夢以象徵的形式重現了關於妻子病痛的記憶。從他**去醫院辦演奏會**這一點可以看出來，他可能很擔心妻子的病情，因為在他記憶中，他到醫院探望妻子的時候必須要「表現」出樂觀開朗的模樣。夢中他必須要演奏自己並不擅長的**小號**而非薩克斯風，象徵著他在故作開朗時的無能為力或苦惱。

當夢境開始變化時，出現了新生**嬰兒**和**小女孩**。賀瑞斯有五個孩子，可以理解成他將孩子的出生與醫院聯繫在一起。然而小女孩就比較難解釋，如果他更認真地研究這個象徵意義，便可從中受益。這個小女孩也許代表著原型聖嬰，此時她象徵的是天真、純潔以及自然智慧。她的翅膀當然更增加了這種可能性。若真如此，小女孩和小嬰兒可能代表了新的開始，或是在警告他不要讓**女巫**（也許是他的本性中具有破壞性的一面）闖進來毀了這一切。小嬰兒突然大哭，可能暗示了如果他讓「女巫」擾亂這些新的開始，一切都將「在淚水中收場」。

在夢境的最後，賀瑞斯**感到無助**，因為他不知道該如何安撫小嬰兒。這個場景也許源自妻子生病時他所

感受到的無力感。但是現在她已經出院了，他應該努力擺脫這些消極的想法。他應該對妻子的康復充滿

感激，並將注意力放在現在和將來能為妻子做的事情上。

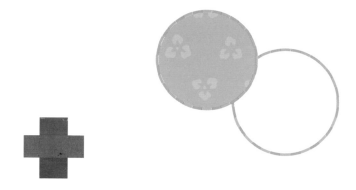

解析夢中出現的原型人物時需要特別謹慎用心，因為有時他們還有其他的含義。此處的女巫也許暗示了母親的陰暗面，化為疾病降臨在賀瑞斯的妻子身上，威脅著奪去他心愛的妻子的生命。但是，如果賀瑞斯讓他的焦慮肆意妄為，那也可能代表了他的性格中具有破壞性的一面。

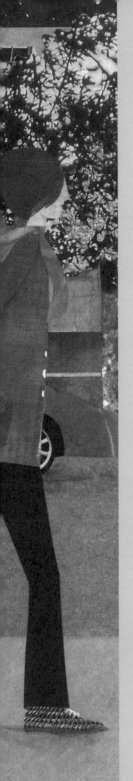

CHAPTER

3

Guide to
Dream Symbols

認識
夢的象徵符號

符號比文字更加古老，而且和音樂一樣，它們有能力
直接且深入地觸及我們的心靈。在夢中，它們承載了
深刻的意涵，而且通常包含多種面向。它們會讓我們
吃驚、困擾我們，也會提升我們的靈性。符號是潛意
識的形成要素。在這一章中會介紹常見的夢中符號類
型，並且提供相關的解析指南。

夢的符號

INTRODUCTION TO
DREAM SYMBOLS

佛洛伊德認為夢通常會用符號來掩飾擾人心煩的含義,因為如果直接展現出來,它們也許會喚醒意識心智。榮格則主張符號是潛意識的**語言**,而這樣的說法似乎更接近事實。

我們每天的生活中充斥著各種符號。廣告商利用這些符號將產品與幸福、娛樂、財富、美貌或性吸引力聯繫在一起,然而真正的象徵符號是源自潛意識而非意識心智。人類大腦運作的其中一個主要特徵,便是樂意用某個物體去代替另一個物體。

夢中的符號通常使用隱喻的手法,而我們平時說話、寫信、思考以及從事創作的時候,一直都在使用隱喻。愈來愈多人將學習的過程描述為一趟

「旅程」——這個詞有幾個相關的隱含意義，暗示我們的進步是一個長期的過程，是一種極為個人的經歷，而我們抵達的終點與起點是兩個完全不同的地方。「旅程」這個隱喻常出現在夢中，而且每個人對它的聯想似乎都相去不遠。

隱喻是夢境的慣用伎倆，你不必是詩人，也能體會其中的層層複雜意境。一個時鐘顯然象徵著時間，但也許還有其他隱含的意義：如果鐘是圓形的，那它也許代表均衡和完美；如果它的滴答聲很響，也許暗示著惱人的不斷重複。時間在任何情況下都可以是朋友，也可以是敵人；它可以喚起不同的情緒，取決於我們是獨自度過週末，還是趕著在期限之前完成任務。個人因素也會有所影響：如果這個時鐘是傳家之寶，它或許是在暗指你與父母、與其他親戚，或與去世的某個親人之間的關係。

許多夢中符號很容易解讀，然而不論它們代表的意義有多明顯，其背後還是有可能隱藏著更為深奧的解釋。舉個例子，如果你夢見自己被鎖在門外，最為合理的解釋就是你對某件事情感到焦慮，對自己沒有把握。你也許會揣測，是因為擔心工作表現，或擔心婚姻破裂？如果想要更明確找出自己焦慮的原因，就需要繼續解析「鑰匙」這個特定的象徵符號。鑰匙用於解鎖或者打開某物，所以你急於想要解開的是什麼呢？是你沒能理解伴侶的情緒反應？是你在工作上一直無法順利打入社交圈？還是一直無法提升某個對你有利的技能，例如情緒智商、電腦技能或領導能力？更進一步調查下去，你也

許就可以找到答案。

　　研究自己的夢時，你會發現某些符號重複出現，又或者有些符號充滿強烈的情緒。在解讀的過程中，這些符號會引導出最豐富深刻的見解。如果自由聯想或直接聯想沒能揭開它們的含義，你可以在接下來的幾天裡，將它們輕輕留在腦海中，一次又一次地與它們互動，將它們看作有趣的字謎。如果仍然沒有找到答案，你可以尋求潛意識的協助——簡單直接的請求，例如「請幫我找到……的含義」，然後將它驅逐出你的意識，暫時忘記它，讓潛意識醞釀一段時間，答案就會不期而至。

　　夢中的符號並非刻意含糊隱晦，就像音符，只要經過練習，你就能輕鬆閱讀它們。即使如此，夢有時也會被它們自身的創造力牽著鼻子走，就像講故事的人失去了故事的線索，會突然偏離原來的思路——第一個符號暗示著第二個，第二個再暗示第三個，以此類推，直到整個夢境變得愈來愈讓人困惑。如果出現這樣的情況，你必須要能認出，是不是好幾個夢融合成了一個。在解析這樣的夢之前，你必須先把每個夢的主題分開來，過程中你會看見它們彼此之間的關聯，而這份關聯有時能幫助你揭開夢的另一層含義。

　　尋找自己夢中的象徵符號，無論是對現實世界還是夢中的自己來說，都是一項有趣的練習。有些做夢者感覺像是旁觀者，知道夢中發生了什麼事卻從不參與其中。有些做夢者則會將自己視為探訪者、受害者、援助者或是領導者。然而大多數做夢者都知道，他們在不同的夢境中有不同的任務，就像莎

士比亞（William Shakespear）所說的，每個人在自己的生活中都扮演了各式
各樣的角色。問問自己，你從夢中的角色學到了什麼，又對自己了解了多少，
這麼做將會有很不一樣的收穫。●

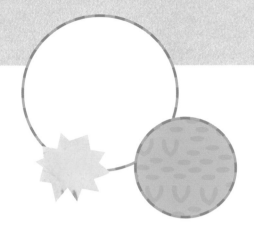

7 號夢工廠

DREAM WORKSHOP NO. 7

做夢者

　　艾倫，25歲，身為一名職業軍人，他曾多次前往世界上最動盪不安的軍事區域出任務。儘管風險很高，但是他很喜歡自己的工作，也享受軍隊中的同袍情誼。他平常善於交際，機智幽默，人緣很好，私底下也有感性的一面。

夢境

　　艾倫和好友約翰正在休假。晚上準備回旅館時，艾倫和約翰打賭，自己一定比他先回到旅館。他們一起跑步出發，但是艾倫選擇了和約翰不同的路 —— 一條山谷中的捷徑。突然，他發現自己身處迷宮之中。他必須找到出口，但是不管選擇哪條路，最後都會走向死巷。艾倫惱怒之下爬上一個樹樁，想從上

方尋找出口。他驚訝地發現在自己頭頂不遠處有一顆閃耀的星星，便伸手抓住它。這顆星星在他手中閃著光芒，不知為何，他總覺得這顆星星能夠帶他走出迷宮。

解析

在軍隊生活中，同袍情誼是最重要的，所以艾倫的**好友**自然會出現在他的夢中。朋友通常象徵快樂時光，在心理上或生理上都能夠帶給人安全感。**打賭**向來是年輕士兵之間的消遣娛樂，但是在夢中是否還有更多的含義呢？

旅館是一個暫時而且通常不帶個人情感的居所，比起單獨一人，似乎更適合和朋友一起待著。但是，為什麼艾倫寧願與戰友分開，想盡辦法也要第一個回到旅館？

捷徑揭示了一種慾望，代表我們想要讓事情變得對自己有利，甚至耍些不公平的手段也在所不惜。然而捷徑把艾倫導向一座**迷宮**，迷宮通常代表疑惑和焦慮，這個不祥的結果也許暗示士兵在作戰時若與戰友分開容易受到攻擊。不過還有另一種完全不同的可能性：在宗教中，迷宮是傳統的象徵符號，代表人類尋求返回源頭（或者神靈）的路徑。探尋者一旦進入迷宮，就必須多次原路折回以尋找正確的路徑。艾倫是不是在質疑自己工作的道德價值？

這個夢的含義取決於艾倫看到的那顆**星星**。星星也許擴展了這個夢的宗教意象，暗示著靈性能夠指引他走出迷宮，幫助他想清楚身為一名士兵的意義。另外，星星對艾倫

來說也許還承載了軍事意義，代表軍階徽章或戰功勳章。士兵必須聽從命令，此一意義的積極面在於艾倫相信上級領導有方，另一種可能是揭示了他的個人抱負。比賽誰先回到旅館展現出競爭精神，迷宮也許是在警示艾倫競爭會導致麻煩，尤其是當他脫離戰友的時候。綜合考慮所有象徵符號的各種含義之後，只有艾倫才能明白哪一個是正確的解釋。

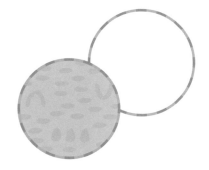

某些常見的象徵符號非常具有說服力，例如星星，也因此常常出現在各行各業的人的夢中。艾倫的星星也許是戰功勳章（個人抱負），也許是軍階徽章（責任感），也許還暗示了精神上的強烈願望。解夢需要解決這種模稜兩可的狀況。

遇見夢中人

在夢中出現的所有影像中，人可能是最有意思的。他們有時代表他們自己、代表其他人、代表做夢者，有時甚至代表一些抽象的觀念。

你也許發現了，在你夢中出現的人可能對你有重要的意義，有時則只是次要的陪襯。這些要素可能暗示了你在現實世界的人際關係。如果在夢中的時候，你與他人之間關係疏遠，那麼你就應該在日常生活中付出更多努力去改善人際關係。另一方面，如果你在夢中過於依賴他人，便暗示了在現實生活中的你需要更加自立自強。（夢境通常傾向於展現徵兆而非補救的辦法，但也有很多例外，後文中將會談到。）

如果夢中的主角是家人和朋友，那麼這個夢可能是要告訴你關於親近的人

的某些事情。夢也可能會改變一個人的樣貌，有時這些變化似乎有特殊的意義，但在大部分的情況下，夢在這方面是非常隨意的。

陌生人可能象徵著你認識的某人的某個特質，或是指出你與一般人（朋友、家人、陌生人）之間的關係。

如果夢中出現的人大部分是異性，也許反映了你實際上或你渴望擁有的朋友圈。但從更深層次來看，**也有可能暗示了你自身相反的一面**。從不同程度上來看，我們每個人身上多少都囊括了兩種性別的特質——女性的直覺和溫柔，以及男性的積極和勇敢。榮格將這些特質看作原型力量，並將它們取名為阿尼瑪（男性的女性特質）和阿尼瑪斯（女性的男性特質），這在前文中已有介紹（見第 26 頁）。平衡我們內在的這些力量，對於保持心理健康非常重要。

阿尼瑪和阿尼瑪斯也可以向外投射為男性心中的理想女性和女性心中的理想男性。在第二層夢中，阿尼瑪可能是一種難以捉摸的慾望，在第三層夢中則可能化為謎樣的神祕女子。同樣地，在第二層夢中，阿尼瑪斯也許以無所不能的探險家形象出現，在第三層夢中則搖身一變成為英雄。當他們出現在第二層夢中，暗示了做夢人似乎指望相反的性別能填補自己內在缺少的女性或男性特質；到了第三層夢時，這些人物不僅代表了這些特質的完全體現，還代表了來自我們自身之外的能量，能夠在靈性旅程中助我們一臂之力。阿尼瑪會表現為大地之母（生育繁衍和持續的愛），阿尼瑪斯則以父親（權威

和保護）的角色出現。

　　夢到年齡較大或較小的人，則暗示著我們想要回歸青春或害怕長大。這些人也有可能是原型——聖嬰（純潔、天真、直覺）和年長智者（實用的智慧、神奇的力量）。

　　即使是那些認為自己很獨立的人，也有可能比他們自認的更依賴他人——不僅是為了尋求支持、自信、娛樂、理解等，也因為**不斷變化的繁忙生活**。從本質上看，我們都是獨立的個體，我們的意識無法分享，也無法逃避。但

是我們知道，世上所有的人都與我們處於同樣的情況，這讓我們對他人產生了一種親密感。這種親密感通常被看作是靈性的——我們共享一條神聖的羈絆。當我們看著其他人，即使對方是陌生人，也能覺察到羈絆的存在。夢以一種意想不到、發人深省的方式讓我們體驗到這種親密感。

但是**就像硬幣一樣，夢當然也會呈現我們的反面，感覺到與他人相異、格格不入**，這一點似乎有些消極。任何類型的不安全感都有可能化作人物出現在夢中。若是在第一層的夢境遇見白天那個找你麻煩的人，感受到相同的挫敗感，這一點都不奇怪。

在第一層夢中，我們很少能夠找到方法來解決我們在清醒世界裡遇到的問題——這些問題會在夢中延續。然而這些夢也有一定的價值，促使我們問自己：為什麼我們會**產生**這些情緒？也許問題的答案就隱藏在夢中的某個地方，只要有足夠的決心去尋找就能找到。

第二層夢可以幫助我們了解自己為什麼會做出那樣的反應，以延續第一層夢的自省過程。它們會讓我們想起年少時心中被壓抑的挫敗感或情感創傷，那些我們還沒有找到適當方法解決的問題。它們也許會指出我們心中反覆無常、還未學會如何掌控的問題。**沒有言明的憤恨甚至妒忌**，也會從我們對夢境的分析中冒出來——透過關注夢中出現的人物和他們（或者我們）的象徵行為，可能會挖掘出對他人的不信任感，或是想要將自己的失敗怪罪在他人頭上的企圖。

透過對比，第一層和第二層的夢也能展示我們對他人的愛、報答他人的意識、他人給予的精神鼓舞，以及他人的無私奉獻。這樣的夢可以讓情緒的電池再次充滿電，讓我們更加積極地過日子。假如朋友一絲不掛地出現在夢中，我們可能會感到非常震驚，但如果這個朋友給我們的感覺是好的，我們只會想到他是一個好人。一絲不掛根本沒什麼好大驚小怪的，反正每個人在洗澡前都會脫光衣服。

如果夢中出現權威人士，通常會激起強烈的情感波動：他們藉由掌控一切來使我們感到安心，或者強調我們對自己的看法來威嚇我們。一間公司的執行長也許會夢見自己戴著代表優越的皇冠，或者以英雄的原型角色出現。然而責任感也會引起夢中的焦慮，象徵著做夢的人在現實世界感受到的挫敗、不安全感或怨恨。

關於死亡的夢是一種經典的原型夢，意味著復活。這種夢也許在警示做夢者過去沒有解決的問題，也可以象徵新生活，讓老舊的觀念煥然一新。夢見懷孕或生產則反映了當媽媽的渴望，但通常也代表生活中將會出現新的機遇。●

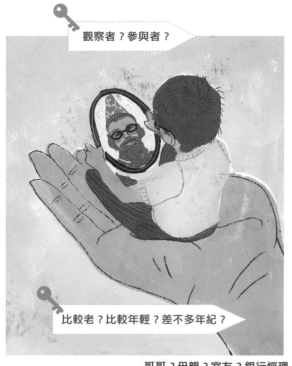

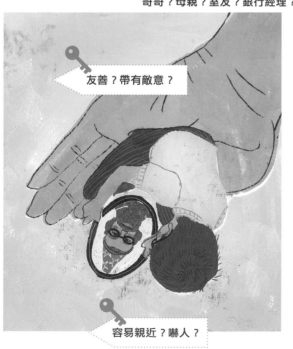

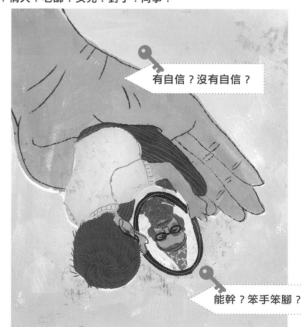

8 號夢工廠
DREAM WORKSHOP NO. 8

　　麥克，29 歲的投資銀行員，他正在著手準備一次重大的轉業：接受演員培訓。他有些猶豫，因為這麼做收入會減少，增加未來的不確定性，但同時也因為有機會讓生活變得更有創造力及無限可能。他的同居女友蘿拉非常支持他的計畫。

夢境

　　麥克發現自己正踏上一座搖搖欲墜的木橋，木橋架在一條結冰的河流上，四周是晦暗的山稜，感覺非常陌生而且很不友善。三個穿著護士服的女人在橋的另一邊，將一根倒地的樹幹鋸成小塊。當麥克走到橋中間時，他認出其中一個女人是他的女友蘿拉，但他不認識另外兩人。她們非常熱情地向他揮手，麥

克想要跑過去抱住蘿拉，卻發現自己怎麼努力也跑不到她身邊。他能感覺到自己的雙腿在跑，但其實它們並沒有動。他開始大哭，並且感覺眼淚滴到他的腳上，聚積成一個小水窪。那三個女人也在哭。

接著，太陽從雲層後面鑽出來，麥克注意到橋下的冰開始慢慢融化。他發現自己的雙腿可以移動了，於是他鬆了一口氣，開始奔向那三個女人。他的周圍出現了閃閃發亮的大魚，在水中跳上跳下，甚至躍入空中。那三個女人消失了，他突然感到一股強大的失落感向他襲來。所有的魚都張著嘴往他的方向跳，他還能聽到遠處傳來的笑聲。

解析

　　搖搖欲墜的橋和**結冰的河流**象徵麥克對新職業的焦慮，這個職業會帶他進入一個全新的未知領域。**蘿拉**和**另外兩個女人**也許代表著他的女性特質，若想成為一名成功的演員，他或許需要發展自己的這一面。**將倒地的樹幹鋸成小塊**，代表著他需要犧牲自己原有的生活方式，而**護士服**也許暗示了他需要安慰和保證。

　　無法動彈的雙腿讓他無法走到愛人身邊，可能表示麥克害怕會失去她。她支持他的冒險，即使他得放棄現在的高薪工作，但他擔心自己會讓她失望。他自己和那三個女人的**淚水**可以表示回到兒童時代——這一點很好理解，他懷疑自己的職涯轉變可能會讓他回到嬰兒時期的

狀態，讓他沒辦法控制發生在自己身上的事。

太陽的出現、冰的融化和奔跑能力的恢復，提供了一個暫時的保證，告訴他一切都會好起來。發光的魚從水中跳出來，表示他藝術方面的新職業釋放了他的創造能量。但奇怪的是，魚的出現換來三個女人的消失，麥克是否擔心自己沉迷於藝術創作而與外界失去聯繫？遠處的笑聲可能同時是讚美或嘲笑，或許是在提醒他，在演員的世界裡，悲劇和喜劇從來都是一體兩面。

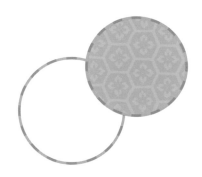

有時夢中發生的事件非常模糊，直到做夢者確立潛在的心境才會漸漸變得清晰。重點是要從更多的細節中探究模稜兩可的結局：麥克在夢中聽到的笑聲是奚落還是欣賞？如果連做夢者自己都不清楚，最好還是全方位地解析各種發展面向，再看看哪個更有可能。

情慾的符號

SEXUAL SYMBOLS

正如性夢實際上可能象徵著與性完全不同的東西，所以很明顯地，無關情慾的夢境中也可能隱含一些經過偽裝的情慾內容。在佛洛伊德的夢境解析觀點中，**壓抑的情慾**會被潛意識刪剪，最後呈獻給夢境意識的是毫無生氣的物體。

在夢中，生殖器會披上象徵性的偽裝。佛洛伊德式的解夢把放置物品的容器（如錢包、手袋、杯子和花瓶）、緊裹的衣物（手套、鞋子或帽子）甚至自然現象（和月經一樣顏色的紅玫瑰）等事物辨識為陰道（以及延伸的女性性行為）。錢包可以代表子宮，像天鵝絨或苔蘚一樣柔軟質地的物品會讓人想起陰毛，從杯子中喝水據說暗示著與女人的口交。即使換作是榮格式的解

夢，當出現聖杯象徵符號，仍舊可能是女性特質——也許與神話中的處女斟酒人或大地之母這樣的原型有關。

插入的工具明顯代表男性特質，例如匕首和螺絲起子。這些物品經常被當作武器，與佛洛伊德認為的**性與暴力之間的連結**是一致的。鉛筆、高塔、蠟燭、撞球桿以及其他生殖器形狀的物品，都可以用相似的方式來解讀。

其他的性符號還包括一些有著相應節奏的動作（如騎馬、劈柴），或者噴湧而出的東西（如油井、爆裂的水閥、水龍頭或正在開瓶的香檳瓶）。當然，噴湧的水與洗澡有關，而香檳瓶也會讓人聯想到浪漫之夜，這些象徵符號都為有關情慾的夢境提供了一個恰當的背景和內容。

稍微發揮一下詩意的想像力，你就能進一步拓展有關性交的符號詞彙。從波浪撞擊海岸到**登上頂峰**，都能被佛洛伊德式的解夢視為代表高潮的行為。但要注意的是，不要讓搜索情慾符號的遊戲阻礙了我們對夢中其他符號以及其情緒背景的理解。●

身體和服裝
THE BODY & CLOTHING

夢見裸體並不奇怪，而且最常沒穿衣服的人就是做夢者自己——只不過夢中的裸體通常是一種感覺，而不是真的親眼見到裸體。常識告訴我們，裸體似乎暗示了暴露的傾向，但是這樣先入為主的看法，會讓我們忽略了自身所經歷的情感以及在隨後的解讀中出現的聯想的重要性。裸體的做夢者感受到的情感通常是**羞愧或尷尬**，尤其是當夢中其他人都穿戴整齊時這種感覺最為強烈，象徵著脆弱或是向他人展現自己的恐懼感。然而做夢者幾乎都認為，夢中其他人似乎都沒有注意到他們的裸體。這樣的夢傳遞了一個訊息：我們不必隱藏真實的自己，也不必時時處於情感上的自我保護狀態。

裸體其實是最直接強大的一種象徵符號。依據人們的情感反應與相關的聯

想，裸體透露的或許是對表現創造力的需求、對更自然的生活方式的渴望、**再次找回童真的希望，或是抑制力的缺乏**。

　　性夢顯然可以暗示情慾，但從更深的層次來看，也許更暗示著對自身某些方面的結合（靈與肉、顯意識與潛意識）的渴望、想要成為父母的願望，或者克服社交歧異的需求。

　　衣物既可以展示，也可以掩蓋，它們在夢中的意義常與性愛脫不了關係，比如輕解羅衫。穿著異性的打扮暗示著豐滿的人格，**男子的陽剛之氣和女子的溫柔感性相互平衡**，或是暗示了某種神祕魅力。

　　夢中身體的健康狀況能夠反映做夢者的心理問題，或反映出他們的靈性感應。榮格認為夢境也會顯示做夢者的生理疾病，有些人甚至聲稱他從夢中獲得了治療疾病的良方。

　　斷齒可能是不安全的信號，和掉髮一樣，都是焦慮夢的常見特徵。月經和排泄可能預示來自外界的焦慮，或是自我表達的需求。人類的眼睛——心靈之窗——則象徵精神健康。心臟是情感健康的典型象徵，通常也代表愛。●

9 號夢工廠

DREAM WORKSHOP NO. 9

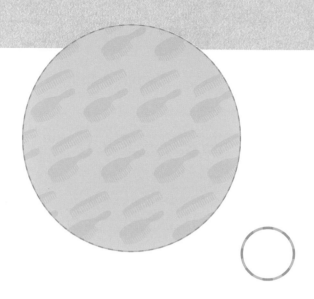

納森，中學生，15 歲，最近在準備一場重要的考試。過去幾週他一直都與班上的一個男生和另一個女生一起複習功課。他發現自己被這個女生深深吸引，但他害怕女孩更中意另一個男生。

夢境

納森在一棟大樓裡閒晃，不時停下來仔細觀察，試圖辨認出周圍的雕像和繪畫。他驚訝地發現牆上掛著一幅很小的肖像畫，畫中的主角是跟他一起念書的男同學。突然，他很喜歡的同班女孩出現了，並道歉說讓他久等了。女孩將納森帶到理髮店的椅子前，讓他坐著，並將一塊布圍在他的脖子上，隨後從壁

櫥裡拿出一把剪刀，開始幫納森剪頭髮，過程持續了很久。剪完之後，女孩看起來對成果非常滿意，並詢問他的意見。但是納森怎麼樣也看不清鏡中的自己，只能看到一個模糊的影像，動個不停，根本看不清楚。他為此感到很著急，一心想要看看自己的新髮型，並且希望對女生的剪髮技術好好讚美一番。

解析

夢中出現的**房屋**和建築通常代表做夢者。納森夢中的大樓也許代表著他尚未被發掘的年輕潛能，而大樓裡的**雕像**和**繪畫**也許是在暗示納森將來的潛力所在。他試圖辨認這些藝術作品，但還是無法看懂它們，也許他還不明白自己的潛能。

納森看見同班同學的**肖像畫**，

暗示他對那名男孩產生了一種既定印象——也許是因為他將對方視為「情敵」，而非擁有思想和意識的個體，這對那名男孩來說很不公平。值得注意的是，這幅肖像畫很小，意味著納森想要忽視對方的存在感，並且希望女孩也能這麼做。

有趣的是，女孩出現後，開始幫納森剪**頭髮**。頭髮是辨認男性或女性身分的重要象徵符號。當參孫[5]被情人大利拉剪下頭髮後，便失去了力量。納森的夢境跟這個故事很相似，也許暗示著他對女孩的愛慕之情使他在她面前棄械投降。他的獨立自主逐漸喪失，他的自我形象正一點一滴受到摧殘。

納森無法在**鏡子**中看到自己，更進一步證明了這個觀點。他「看不清楚」自己，他也許想重新評估自

---

5 源自《舊約聖經》的《士師記》。參孫以力大無窮聞名，曾徒手擊殺雄獅，傳聞他無窮的力量來自他的頭髮。

己對那個女生的感覺。他是真的喜歡她，還是受到了慾望的驅使？他對她的感覺已經影響到他與另一個男生的友誼。這個夢並沒有提供解決辦法，而是試圖讓整個情況明朗化。納森必須了解到，真正的關係應該建立在公平、尊重與理解之上，而不是慾望、懷疑和嫉妒。

青春期的夢通常反映出對異性的關注，雖然很吸引人，但也令人膽怯。頭髮是代表男子自我印象的常見象徵符號，剪頭髮也許是因為深深感受到威脅。這樣焦慮的夢可以幫助年輕人認識自我，變得更成熟。

夢的場景

LANDSCAPE & PLACE

夢中出現的地點與場景最容易喚起我們的回憶。我們常會透過夢境，回到記憶中的某些場景遊蕩，想起被我們遺忘許久（或快要忘記）的希望、恐懼和憧憬。過去一直縈繞在我們周圍，因為是過去創造了現在的我們，而我們的夢也會不自覺地被過去所吸引。

除了**記憶最深處的場景**，夢也擅長創造全新的地形地貌。大樓、偏僻的鄉村小屋、明亮的街道上充滿了陌生的商店、聳立的峭壁上隱藏的洞穴——這些元素都會意外地出現在夢中，而且通常與我們的過去有著同等重要的象徵意義。

在解夢的時候，解析地點首先要考慮的是最為明顯的關聯，比如圖書館

也許暗示著對知識的渴望或對隱居的渴求。透過探索圍繞在象徵符號周圍的**「半陰影」──那些我們不太會注意到的氛圍和細微的差別**──可以找到第二層含義。因為沒人能夠看完圖書館裡所有的書，所以這樣的場景也許反映了某種擔憂，擔心自己沒能充分利用所有可用的經驗與資源。

　　當然，景觀的特徵和細節也很重要。假如你夢見山谷，那是一個很乾燥的山谷（不毛之地），還是有一條涓涓細流（讓人神清氣爽）？又或者是一片蔥翠（肥沃豐腴）？周圍是尖銳的懸崖峭壁（具有攻擊性；若這些懸崖的形狀看起來像牙齒，也許是害怕被吞沒）還是小山丘（肥沃、舒適、沒有危險性）？

　　場景在鄉下的話，也許會引發相互矛盾的感覺：我們會被鄉間的美景、野性、與世隔絕的寧靜所吸引，同時也會因為缺少消遣娛樂、舒適方便和安全感而坐立難安。

　　當然，城市給人的感覺同樣充滿矛盾，常見的聯想包括陰謀詭計、商業交易、人際溝通、競爭力以及人類群體。同樣地，你的情感反應取決於你心中的困擾和疑慮。如果你可以辨認出自己位於城市的哪個區域（商業區、文化區、觀光區），就能開發一些很有意思的思考角度。

　　清醒世界中的幽閉恐懼症和廣場恐懼症，在夢中通常分別會**化作過於擁擠、狹小和過於空曠的空間**。而這些隱喻的延伸可能反映了我們在情感關係中的困境，例如感覺被束縛、過於赤裸，或缺乏其中之一。夢很會利用這種充滿

隱喻的語言，並且將其使用得淋漓盡致。而這樣的問題總是值得一問：你所夢見的那個地方是太過擁擠，還是空曠到詭異？這也許就是解夢的關鍵。

舉個例子，比如說你夢見自己站在學校操場中間。如果你是自己一個人在那裡，就顯得十分反常，因為操場是供大批學生或運動者使用的場地。獨自身處一個本該有很多人的地方，還有已經成年的自己回到童年，這兩件事情都很值得留意。

和解析夢中其他元素時一樣，你需要記住在夢中這些場景遇到的不尋常經歷，更重要的是，記住**你在夢中的特別體驗**，或是你對這個夢的看法。

不可知論者對於教堂的理解與信徒顯然不同，但就算對我們這些擁有精神信仰的人來說，教堂同樣可以是超凡卓越的象徵，也可以反映我們的自慚形穢之情，完全取決於我們的意識狀態。火車站和飛機場可能代表旅行和新體驗，或是停滯不前，或是**方向的迷失**。有些人一想到飛機場，就會想起對飛行的恐懼，或是意外遺失行李、忘記帶護照、無止境的班機延誤等。在所有大眾運輸之中，我們通常會受制於我們最不信任的交通體系，這一點在夢境解析時可以提供大量的詢問線索。●

10 號夢工廠

DREAM WORKSHOP NO. 10

做夢者

保羅，21 歲，學生，剛和女朋友分手。他的前女友已經跟別人交往了，但保羅還是十分想念她，他非常後悔自己當初的決定，只想繼續待在她身邊。

夢境

保羅在波濤洶湧的紅色海水中游泳，整片海洋看不到邊際。他自在地在海中悠游，毫不費力。海水是熱的，他嘗到自己皮膚上有鹹鹹的味道。他興奮地潛入海底，游過一群美人魚身邊，她們正在互相餵食美味多汁的葡萄和石榴，為此他感到非常氣憤。一路上他還看到很多怪異的海洋生物，包括一種紅色的

巨型植物，長著多齒狀的花朵和多刺的莖。當他伸手去觸碰這些花朵時，它們會像捕蠅草一樣猛地合上。到達海底之後，他發現自己身處一座美麗的海底花園。他的前女友希瑟裸體出現在他面前，一邊將她的衣服——鮮亮的裙子和內衣——晾在一根繩子上。一股無法抗拒的巨大衝動控制了他，讓他從繩子上抓過衣服叼在嘴裡，然後浮到水面上換氣。

解析

夢中互相聯繫的象徵符號，可能是在提醒保羅，最好更審慎地琢磨自己對女人的潛在態度。**美人魚**，絕美的生物，典型的象徵，代表結合美、神祕與危險魅力的女人，就像希臘神話中的賽蓮[6]一樣。這也許暗示著保羅對於女人那種可望而不可即的美麗幻想，同時也體會到了女性的情感殺傷力。

美人魚正在吃的**葡萄**和**石榴**代表禁果，代表女人之間共享的神祕喜悅，而男人被排除在外。保羅的反應非常有意思，他的憤怒暗示了強烈的妒忌之情。也許他需要學著去了解這種妒忌是毫無意義的——不論是男性或女性，必然會有一些只與同性分享的祕密。

海洋生物及**奇特的植物**非常引人注目，它們對保羅來說非常「怪異」，暗示著他對女人行為的看法。在男人看來，女人有很多行為非常荒謬。植物開出的**多齒花朵**和**長滿刺的莖**暗示了女人不僅容易被觸怒，還會反過來傷害人。就像**捕蠅草**會分泌蜜汁來吸引昆蟲，再把牠

---

6 她被塑造成人面鳥身的海妖，飛翔在大海上，擁有天籟般的歌喉，常用歌聲誘惑行經的船隻使其觸礁沉沒，而船員則成為她的腹中餐。

吃掉。不過保羅後來進入了一座**美麗的花園**，也許他只要往深處走，就能看見女性溫柔且愛好平和的那一面。

衣服通常象徵公眾人物，或是我們展示給世人看的面具。保羅應該自問，為什麼他會注意到希瑟的衣服（女性的外貌圈套），而不是沒有穿衣服的她（真實的自我）。保羅**用嘴叼住衣服**，這個行為是不是暗示了他想要傷害那個曾經傷害過他的人？也許並不是希瑟讓他難過，而是希瑟所扮演的那個形象。夢要結束時，他需要浮出水面呼吸**空氣**，也許揭示了他對女人的承諾和對自由的渴望之間存在著某種矛盾。

如果海洋或深湖出現在夢中，也許暗示著你正在深入探究自己的潛意識。在這個夢中出現的美人魚形象和陌生的海底生物都混雜了美麗和危險，暗示保羅應該再次檢視自己對女性的態度，這麼做對他會比較好。

夢中的建築與
交通工具

BUILDINGS &
CONVEYANCES

建築物在生活中處處可見，對大部分的人來說，它們很少會脫離現實。它們代表了居所、秩序、文明、地位。家是我們存在感的一部分，因為它承載了我們所有的財產，而我們生活在其中。所有圍繞在我們周圍的建築勾勒出我們的內心世界和外在生活：街道、商場、教堂或寺廟、辦公室、學校、體育館、博物館、電影院，每一棟建築都有各自的用途以及衍生出來的明顯聯想。它們是一眼就能識別出來的象徵符號，也就不難明白為什麼會時常出現在我們夢中。

　　建築物入口的燈光亮度，或其所在街區的明亮程度，也是夢境解析的一條線索。當你走在光線很微弱或完全黑暗的環境中，最基本的問題是：如果這

個場景中出現了光，意味著什麼？如果光代表知識、洞察力、理解力，那反過來看，黑暗就暗示著無知或缺乏理解力；如果光意味著愛，那黑暗就表示現實或想像中的孤獨。

在清醒世界中，當我們來到不熟悉的公共建築，無論是第一次去到的飯店房間或辦公室，都需要利用觀察和推理能力來確定路線。因此夢見陌生的建築物通常暗示著探尋。如果做了這樣的夢，我們該問的是這個夢是否跟探索有關？如果是，那我們在尋找什麼呢？

在建築中四處走動時，我們也許會好奇一扇關著的門後面有什麼，或是轉錯了彎遇到死路，或是在樓梯上撞見了討厭的人，所有會出現在夢中的經歷都有其隱喻意義。

不期而遇包含了各種可能的象徵意義，無論是驚嚇還是驚喜，這樣的夢境通常都是為了質問我們的先入之見。假如我們夢見一棟讓人望而生畏的建築，進去之後卻發現一座漂亮的花園，還能看見群山和樹林，這樣的劇情提醒了我們，最初看似艱鉅的前景，最終也許會帶給我們莫大的回報。同樣地，如果我們夢見一座吸引人的建築（朋友的家或娛樂場所），卻在裡面發現了可怕的東西（消失的地板或是從天花板滴落的血），最好還是再考慮一下那些看似大好的機會是否被過度高估了。

夢中的建築物可能被摧毀、荒廢或重建——這些都是解夢的線索。好好想想，建築的狀態是否涉及你與自己的關係（健康、個人計畫、道德、靈性），

或是你與他人的關係（承諾、同情、溝通）。

　　和建築物一樣，「載具」也經常出現在我們的夢中，包括常見的交通工具，如汽車、火車、公車，還有電梯、手扶梯、直排輪鞋，所有能將我們從一個地方帶到另一個地方的工具。甚至包括我們用來搬東西的工具，如購物車、手提箱、手推車，還有傳遞聲音和影像的電話與電腦。

　　載具代表的重要特質之一是改變。如果我們在夢中移動，可能代表我們生活中的變動（工作、交友、活動、想法或信仰），可以是實際發生的，也可以是內心渴望的——或擔心害怕的。而變動的速度和我們的適應程度，也許可以透過載具的速度和適用度顯現出來。此外，使用購物車、手推車或手提箱搬運東西，根據個人情況不同，可能暗示新的體驗，也可能暗示我們亟欲擺脫某些東西，例如責任義務、工作或錯誤觀點。

　　有人認為載著我們升降的載具，例如電梯或手扶梯，代表著我們靈魂出體的模糊記憶（見第 260-261 頁），也有人更傾向於認為它們象徵著毫不費力的進步，依靠外力運載而上升或下降。

　　電話和電腦也許暗指一些會影響你的遠程行動，或希望能在不被發現的情況下發揮影響力。又或許它們暗示了某種力量——在遙遠的距離之外也能產生作用的神奇能力。●

進展或停滯？

群體或孤立？

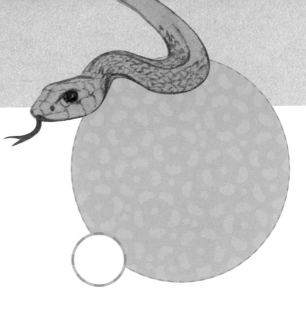

11 號夢工廠
DREAM WORKSHOP NO. 11

亞莉珊卓，45 歲，廣告顧問，最近剛完成自己第一部電影廣告。這次的企畫案讓她非常興奮也很有自信，但她知道自己必須提防 27 歲的助手塞繆爾，他有時會質疑她的權威，或是想搶她的風頭。

亞莉珊卓坐在火車駕駛員的位置上，手握方向盤，控制著整列火車。火車在空中的軌道上複雜地繞著圈，四周都是雨林。她頭戴高禮帽，每當火車繞圈的時候，她都得緊緊抓住帽子以免它脫落。火車上有長頸鹿、猴子以及獅子。亞莉珊卓有個重要的任務，她得帶牠們去參加當地馬戲團的面試。突然，她面前

的鐵軌開始變成蛇。其中一條蛇發出嘶嘶的警告聲，牠說有一個危險的藝術家從精神病院逃了出來。為了躲避蛇群，亞莉珊卓轉動方向盤，離開軌道。她知道，少了軌道指引旅程的方向，火車將會回到出發的地方。

解析

夢中混亂的景象也許反映了亞莉珊卓職業的複雜性，但夢中出現的問題確實很有用。**方向盤**明顯與她的控制慾有關。在某種程度上，她能夠掌控自己的方向。但是方向盤卻無法好好控制**在鐵軌上奔跑的火車**，她也只能跟隨鐵軌的方向前進。她是真的掌控了工作中的一切，還是隨波逐流？鐵軌也不可靠，**在空中繞圈**，好像從來就不想留在地面。

方向盤讓人聯想到汽車，軌道讓人想到火車，在空中繞轉的圈則暗示著飛機。她想要怎麼樣的旅行？她真正想去的是何方？她害怕回到起點嗎？夢的結尾強調了這些問題的重要性。

高禮帽也許是權威的象徵，但是每次繞圈的時候，亞莉珊卓都得牢牢抓住它。也許她對自己的職位有一種不安全感，而且擔心失去控制權。

動物通常代表直覺和本能，但是在這個夢中，亞莉珊卓也許該考慮的是這些特定的動物對她是否有其他的含義。**長頸鹿**有時象徵著遠見，**猴子**代表著惡作劇和貪婪，**獅子**是勇氣和忠誠的化身；牠們都要趕赴面試，這意味著競爭。亞莉珊卓必須從牠們各自所代表的性格來做出選擇。

蛇在許多傳統文化中象徵的事物經常是矛盾的。在西方國家，牠通常代表欺騙和危險。蛇對亞莉珊卓發出警告，但牠的話可信嗎？**從精神病院逃跑**的危險**藝術家**，也許暗示了創作也可以非常危險，甚至將人們導向瘋狂。亞莉珊卓應該怎麼做，才能讓她的工作目標更加明確，也更安全？她能相信誰呢？她該如何確保自己的工作穩步前進？

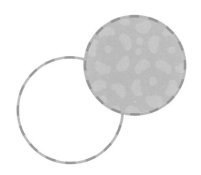

某些夢境似乎是特意為了引發疑惑。要想釐清這一團混亂，首先必須關注個別的元素。火車、高禮帽、動物和逃跑的藝術家，看似毫不相關的象徵符號，只要透過聯想，這些線索中隱含的個人意義就會逐漸變得清晰。

夢中會出現各種類型的行為，玩遊戲、砍柴、走路、梳頭髮，都有可能。我們也會夢見在清醒世界中並不常做的事情，比如飛翔。

大多數的行為都包含動作，而這些動作可以反映出很多訊息。如果速度快而且非常誇張，也許暗示著情況的轉變；如果動作慢，就像某些惡夢那樣，代表做夢者的無助；如果是興高采烈——尤其是不借助外力的飛翔或漂浮——則表示改變帶來了解脫。這樣的夢提醒我們，只要我們相信自己，很多事情都能成功。有時做夢者在飛行的時候，會要他人見證自己的本事，這可能暗示了我們想要說服別人放下疑慮，相信我們能成功。當榮格臥病在床時，他夢見自己**飛到一個非常漂亮的地方——在第三層夢中**，這樣的場景也

許預示著靈魂將要離開身體，回到靈性的故鄉。

最生動、最能表現自己的其中一種行為就是跳舞。在夢中跳舞經常象徵著無憂無慮，並指出日常生活中的許多憂慮都是毫無根據的庸人自擾。夢見爬山通常暗示了想要轉換生活的跑道，墜落則暗示我們有抱負但沒有把握。

要解析夢中的行為，背景是關鍵。奔跑就是個很好的例子。有些人在夢中非常享受奔跑的感覺，尤其是當我們跑在他人前面時，這代表了進步。有時我們也許會夢見自己正**跑離**或者**跑向**某物，這時你該問自己**為什麼**奔跑？奔跑在這裡讓你聯想到什麼？**跟在某物後面跑**，也許暗示著焦慮或沮喪。在這種情況下，被追逐的物體通常會提供根本的線索，例如你在追著一顆球，也許代表你想要重新體驗失去的童年。**如果你正在追你的車，也許代表你覺得一切都失去了控制**。仔細想想你是否追到了你想要的東西，以及你是否一開始就想要追到那個東西。

夢見騎自行車，通常是情慾的象徵符號，但也可以有別的解釋。緩慢地騎上陡坡，反映出你在生活中做出的某些奮鬥與掙扎，但如果你從坡上往下輕快滑行，那你可能正期待著脫離現有的環境，享受全新的機會。

至於旅行這件事，解夢時需要從很多方面去考量：交通工具、路線、風景、速度、同伴，以及所有你參與的活動（除了單純的移動）。最重要的是這趟旅行給你的感覺，想想你從哪裡出發，你的目的地又在哪裡。夢見騎馬或其他動物，牠們的特徵可以提供釋義的線索。夢見游泳或爬山，場景中的基本

元素全都具有重要意義。

　　夢見吃吃喝喝有時本身就是一種願望的實現，例如很多正在節食的人會夢見他想吃但不能吃的食物。吃喝也可能象徵對社交、情感或智力刺激的需求。食物和飲料可以代表我們從這個世界上獲取的東西，比如金錢上的報酬，甚至是心愛的人對待我們的方式。**被「強行餵食」也許象徵著家人或朋友強迫你接受的好意。**

　　白天我們經常會聽音樂，但奇怪的是，很少聽說有人夢見唱歌。唱歌和跳舞一樣，都是釋放情感的一種表現，因此被迫唱歌也許暗示著害怕表達情感。任何創造性的藝術活動都可能暗示著想要改變世界的渴望。

　　在夢中逛街購物，你可能會看到**非常誘人的商品，但總是遙不可及，這代表著受挫的野心或渴望**。給予或接受物品則反映出我們與他人之間的關係：贈予禮物暗示著對一個人的積極情感，但是鋪張浪費的贈予也許意味著失當的交往關係。如果在夢中過生日卻收到很少禮物，反映出你在交友方面缺乏安全感。

　　競技運動或打鬥所象徵的意義，與對手和這項行為本身有絕對的關聯。如果夢見社交聚會，多留意他人的反應以及我們自己的感覺。需要使用公廁時發現位置被占，或更糟糕的，在錯誤的地方如廁，此類行為表示我們內心深處非常害怕做錯事，或者害怕吐露心事。●

害怕或興奮？

12 號夢工廠

DREAM WORKSHOP NO. 12

艾迪，23 歲，大學畢業後，他花了一年的時間環遊世界，體驗新事物和不同的文化，然後領悟到自己應該找個工作，安定下來「過正常人的生活」。

艾迪穿梭在一片熱帶叢林中，想要尋找一名巫醫——一個了解飛行祕密的人。他感覺天就快黑了，周圍的一切都很陌生、很奇怪，距離營地太遠令他有些害怕。四周密林中傳來動物的嚎叫聲，他擔心自己會被襲擊。突然，他和那名巫醫以及一群年輕的部落男子坐在火堆旁，這些人全都身著動物毛皮，頭

戴動物羽毛。他們似乎在準備一場入會儀式。和他們在一起的還有一隻用後腿站立的花豹。艾迪知道自己並沒有被邀請，因此感覺有些沮喪和失望。但是巫醫給了他一根亮色的大羽毛，並且在地上放了一張白紙，於是艾迪在一旁坐下來，開始用這根羽毛將整個場景畫下來，這讓他感覺好多了。

Interpr 解析

這個夢散發出一種強烈的**熱帶叢林**氣息。雖然艾迪沒有去過熱帶地區，但那一整年的異國體驗成為他的「**參考資料**」，夢中奇異的動盪感就是由此而來。然而叢林也暗示混亂、失去方向以及危機，這與做夢者目前對於未來的擔憂有關。**黑暗**代表不可知的事物，艾迪對於黑暗的恐懼更增加了此一可能性。

部落男子也許代表艾迪想要在將來的工作中認識很多朋友。不能參加入會儀式則暗示著他擔心遭到排擠。他們的服裝也非常重要。佛洛伊德認為**動物**常象徵著做夢者的本我。部落男子都穿著動物毛皮，這代表他們跟自己的本性相處融洽；艾迪卻擔心自己會被動物襲擊，可能暗示著他擔心自己難以接受真正的自己。

此處存在兩個原型角色，而且兩者的聯繫非常緊密——**花豹**向來是殘暴和魔力的象徵，而**巫醫**在某種程度上則象徵著年長的智者。花豹靠著後腿的力量站立，讓大家更相信牠是一隻強大的動物，可以將巫醫引導至另一個世界。

艾迪應該問自己，為什麼他想要

找到那名巫醫。他是否在尋求某種指引？若真如此，為什麼巫醫什麼都沒告訴艾迪，只是給了他一根**羽毛**？在南美洲的傳統文化中，羽毛象徵真理或是進入更高深的領域。艾迪運用巫醫的禮物，發現自己的那些經歷讓他感到充實滿足，也許他注定該從事具有創造性的工作。

很多時候，做夢並不能解決問題，反而會出現更多疑問。我們不可能對這根羽毛進行確切的解讀，也無法解釋為什麼沒有墨水仍然可以畫畫。但是在夢中，超越常理的事件通常是一個積極的訊號，暗示著一定有什麼辦法可以解決我們的問題。探索夢中象徵符號的可能解釋，就是解決問題的第一步。

　　生活在被人造物包圍的環境下，很容易會忘記我們也是大自然的一部分，我們的生存也仰賴大自然。但是夢並沒有忘記。我們的潛意識非常明白我們根植於何處，並渴望再次與之連接。

　　在解夢的時候，不要只關注顯而易見的人際連結。如果夢中出現了自然環境，其中的細節可能具有值得注意的象徵價值。

　　先不說特殊的聯想，夢境中的自然符號一般象徵了生命的動力，驅動著出生、死亡和重生的週期。如果你接受了來自夢中世界的這些影響，在現實世界中也能展現全新的活力，你甚至會發現自己重新燃起了熱情，迎接每個新的一天到來。

　　古人歸納了自然界中的**四大元素——火、土、風和水**，這些元素都是集體潛意識的主要組成部分。雖然現在科學已不再這樣劃分，但這四項元素仍然具有豐富的象徵意義，永不過時。

　　火同時擁有兩個相反的象徵意義——毀滅和創造。火能夠燒毀一切，也可以提供溫暖，對於生存來說非常重要；它可以燒光土地上的一切，為土壤中的新生做好準備。火的傳統形象則代表著激情。土是讓我們保持真實的基本元素，是我們存在的基石。和火一樣，土的象徵意義模稜兩可。岩石的本質讓它象徵了永恆、力量和穩定的情感，它同時也代表著頑固和不妥協。空氣是我們吸入肺中的元氣，風則會帶來改變和再生。當然，我們都知道，空氣在夢境中並沒有其他三項元素那麼明顯，但還是可以從細節中發現它的存在。移動的雲朵或發出沙沙聲的樹葉都暗示了微風，或者你可感覺到**愛人的呼吸拂過你的皮膚**。水向來都是純淨的化身，我們可以從中學會如何應付阻礙——繞過，而非產生正面衝突。水的其他聯想包括潛意識（如大海般深邃）、純潔、平靜和寄託。

　　四大元素以簡短明確的方式向我們概述應如何體驗、感受真實的世界，包括我們自己的身體。在逐漸進入夢鄉的同時，心裡一直想著這四大元素，可以鼓勵你的潛意識在夢中帶出這些自然的連結。

　　佛洛伊德派的分析者將自然看作性的象徵源頭，認為波浪和水象徵了性行為，山谷和洞穴象徵女性的生殖器，山脈及高地則象徵男性的生殖器。但事

實上，山脈是一種非常勵志的象徵符號，通常象徵著我們對成功的渴望，代表我們**爬升到更高的境界**，而山谷代表繁衍、舒適和安全。山脈通常象徵男子氣概，山谷代表女性氣質，不一定要理解成情慾含義。

樹可以代表權威和力量、家人（家族）、蔭蔽和溫暖。不同的樹種也有不同的特別含義，例如柳樹代表柔韌靈活，還有悲傷（因為其低垂的柳枝），教堂墓地裡常見的紫杉有著暗色的枝葉，代表有限的生命和必定降臨的死亡。夢有時還會玩文字遊戲：如果夢中出現松樹（pine tree），其中「pine」這個單詞具有「枯槁、憔悴」的含義，而其本身也代表了哀悼、悲痛。

花暗示著脆弱和轉瞬即逝的美麗──不過肯定有四季開花的多年生植物，蘊含著再生的意義。花朵同樣暗示希望和樂觀主義，但你應該也注意到了，有些花經常出現在葬禮上，例如百合。

當自然的符號流經我們的夢境，我們必須注意各種解析的可能性，不能只看見該符號的傳統象徵意義，選擇過分簡單化的一對一解讀──更不該認為自然事物都帶有隨興的模糊含義。解夢時，個人的經歷與情感一定是優先於大眾對該象徵符號的刻板認知，賦予其特定的個人色彩。水對於某個人來說，也許會喚起不好的童年經歷，比如搭船出海時遭遇暴風雨因而險些遇難；然而對於另一個人來說，也許是在一潭寧靜的湖水旁度過了非常開心的釣魚時光。此處的重點在於，即使是靜水，天空和森林在其中倒映出一幅田園詩般的美景，但對第一位做夢者來說也會觸發警報，他的潛意識也許記得的是暴

風雨之前的寧靜海面；而第二位做夢者，那名釣魚人，也許記得的是發生在湖邊的悲傷往事，比如愛人的離去，這樣的悲傷回憶可能會蓋過往昔的美好。個人經歷會讓原本已經非常複雜的符號詞彙變得更加複雜。

自然景觀各方面的解讀都可能受到個人經驗的影響，也許是類似意外事故的回憶（上文中的釣魚人），也許是自然災害引發的事變（上文中差點淹死的人），這些都是潛在的個人因素。由水火引發的意外事故非常常見。在大自然中很少出現自發燃燒的火，因此解夢人可能會提出諸多有關營火（尤其是兒時的營火）或爐火的問題。如果這兩者都不適用，那麼火最有可能與憤怒（帶有負面情緒的激情）有關。做夢者也許**擔心自己的怒火失控**，或曾經被他人（父母或老師）的怒氣所牽連。和風有關的糟糕經歷，通常和飛行的經驗有關，而不是龍捲風或颶風。被土活埋的印象，可能讓人產生對於死亡的焦慮；從個人角度來看，或許會讓人想起小時候擔心「窒息」的感覺。如果帶著緊張的心情入睡，這些憂慮會特別容易演變成惡夢。

不過和其他象徵符號一樣，當自然符號牽涉到個人層面時，通常帶有更多積極的意義。就算我們無法確定這些符號與特定的人生經歷是否有任何連結，但也許可以感受到一種與自然之間的特殊聯繫：花代表著讚賞與支持，來自火的溫暖暗示著歡迎和殷勤款待，湖泊和河流讓人感覺到放鬆和安逸。

太陽、月亮和星星當然也是自然的重要象徵。太陽在古代文化中代表君王，富有男子氣概、活潑外向、強大，而且可以預測；象徵女王的月亮非常神祕、

飄忽不定、富有魔力，代表了直覺。從某種程度上來說，我們的內在同時存在著太陽和月亮。陽光是外在生活不可或缺的媒介，而內在的自我就像月亮一樣擁有許多神祕的特質。星星與命運、靈感、遙遠的距離有關，而在今日，它無可避免地讓人聯想到名流與名氣。●

魚

好運？
繁殖力？
不穩定性？
創造性？
重生？

雲

轉瞬即逝？
輕盈？
朦朧？
威脅？
再生？

樹

生命？
成長？
穩定？
庇護？
力量？

釋放你的動物本性

動物本身承載了傳承數世紀的象徵意義，個人情感上的關聯也會影響到夢的解析。比如獅子象徵勇氣，但是你會夢見獅子，也許還有其他因素。獅子的威儀也許會讓人感到恐懼或欽佩，你也許會認為牠是強大的獨立化身。也許你最近走過一張地毯時，下意識地想起了獅子的皮毛。若真是如此，你該問自己，為什麼你的潛意識中會存在這些細節？這個深植於心的記憶是否可能反映了某些重要的事情？

同樣曖昧的情況也出現在貓頭鷹身上，牠代表了智慧，但牠同樣也是冷酷的掠食性動物，在寂靜黑暗的世界活動。或許你覺得貓頭鷹散發著書卷氣？倘若如此，牠也許代表了你對學習的渴望，或是脫離現實生活的隱憂。蛇本

身也具有複雜的象徵意義，狡詐、鬼鬼祟祟、優雅、背叛、隱形、男性的性能力以及再生——因為牠會脫皮。

狐狸代表狡猾，老鼠和豬暗示著邋遢和道德敗壞（這對後者來說不太公平）。貓象徵偷偷摸摸和獨立，但是很多人把牠當成寵物，所以必須將個人的關聯考慮在內。小貓則帶有貪玩調皮的隱喻。狗可以喚起溫馨的情感，強烈地暗示著忠誠，雖然牠也可能是恐懼的源頭。寵物去世通常是孩子人生中第一次經歷傷痛，這種創傷會留在潛意識中。

動物是兒童故事中的常見素材，牠們在這方面的重要性足以激起整個夢中世界的漣漪。睡前故事是夢見動物的關鍵，除此之外很難理解為什麼會做這些夢。

佛洛伊德將動物看作是我們本性的象徵——未經雕琢、未受制約的自我。如果你發現自己遵循這樣的思路，試著從整個夢境的內容來確認，它是否在暗示你應該更自由地釋放自己的本性，還是對其加以控制。

在基督教出現之前，魚是神聖的符號，代表了生殖、再生甚至重生。當牠出現在第三層夢中（像獨角獸或龍這樣的神祕生物也會出現在第三層夢），很可能象徵著深刻的洞察力。●

鸚鵡

炫耀？
好鬥？
異國情調？
重複？
自我？

馬

高貴？
合作？
力量？
速度？
聰穎？

夢中意識似乎非常喜歡為我們大多數的夢提供一個相對真實的背景，幫助我們設定夢的基調，增補所有出現物件的象徵意義。所以說，汽車通常代表旅行，但如果將其放置在嚴苛的、工業化的環境中，它也許暗示需要逃跑；如果背景是令人愉悅的鄉村，也許就代表了探險的渴望。唯有充分考慮其所處的背景環境，才能有效地解析該物件。

研究物件與整個夢的關係，有助於將物件歸入合適的種類：家庭、工作和職業、創造與資訊、衣物、閒暇愛好或武器等。你必須關注該夢中物件任何不同尋常的地方，以及你對其產生的情感反應。

家庭用品出現在夢中的頻率最高。我們每天都會用到這些物品，不用特別

思考，而且重複使用這些物品肯定會對我們的潛意識造成一定的影響。我們在家裡常會遞給家人這些物品，因此當它們出現在夢中時常暗指與家人之間的關係。在所有夢境中，最有可能出現不協調特徵的就是物品了，反而讓它們更容易解析。比如一個沒有壺嘴的茶壺，也許象徵著你期望受到歡迎（茶壺），結果卻讓你失望了（沒有壺嘴）；一間擺滿網球拍的客廳也許暗指休閒時間被家務所占據；夢見一台電腦沒有螢幕，取而代之的是一面鏡子，這也許代表著不願放下自身的利益，把目光放得更遠。

如果在第一層夢中出現非常逼真的物件，也許是對於某件即將發生的事情產生了焦慮或興奮之感。如果它們是家裡非常重要的東西，也許我們只是出於內疚——比如你夢見的那張椅子，你一直都想要幫它換張新坐墊，卻遲遲沒有付諸行動，而老舊時鐘走調的報時聲也讓你的丈夫煩惱不已。

工作環境也常為夢境提供非常豐富的象徵物件，包括計算機到文件櫃。在工作場所，桌椅之類的物品被視為地位的象徵，往往被賦予誇張的重要性，如果你擔心自己的事業或在職場的地位，最好在夢中多留意一下這些物品。抽屜上鎖，但鑰匙已經遺失，也許暗示著你對於自己獲得的訊息感到非常焦慮；雜亂的辦公桌也許代表你的事業並不太順遂，而且為此感到心煩糾結。

如果你認為自己並不是富有創意和創造力的人，夢中出現與創作相關的物品（畫筆、樂器等）時也許會讓你大吃一驚。但其實每個人**都有**創造力。我

們常會忽視自己藝術家的一面，因為我們在童年和之後的生活中都缺乏創造的勇氣。如果夢中常出現和創造有關的行為，暗示著我們的創作慾未能獲得滿足。

正在**使用**的物品——某種工具或樂器——常暗示著表演。表演可以展現很多情感，例如因不會放風箏而感到難為情，或是用開瓶器將軟塞從瓶口拔出的決心。在這類夢中，最讓人感到滿意的便是發現自己竟會演奏某種從未學過的樂器——你的潛意識在向你傳遞積極的訊息，這是你承認並釋放自己隱藏的創作靈感的好時機。夢到擁有某種令人興奮的魔法工具，例如能讓你飛越鄉野的鞋子，同樣暗示著強烈的創造慾望。

有時候，任何夢中物品都有可能代表自身之外的事物，尤其夢見的物品是武器時。佛洛伊德傾向將武器解釋為男性性慾的象徵，特別是插入性的武器，例如匕首，或射出式的武器，例如手槍。當然還有別的可能性。從表面看，武器也許暗示著挫敗和攻擊性，也許與工作或人際關係中出現的矛盾和衝突有關。若深入探究，武器也可能表示對於改變的強烈渴望，想要打破常規，往新的方向前進。它也可以代表力量，表明做夢者迫切想要反擊不公正的事件，或只是想要引起別人的注意。

與死亡相關的物件也經常出現在夢中。棺材、墓碑，甚至屍體和毫無生氣的手和臉，它們在夢中可能非常嚇人，醒來之後也許會引發對真實死亡的擔憂，然而其真正的含義卻與改變和新生有關。死亡是重生的前兆——在印度

教中，毀滅之神濕婆也是司掌改變之神。枯萎的花朵代表著荒蕪，某些珍貴的東西因為疏於照顧而逐漸消逝。那些一觸即逝的物品也是同樣道理。

玩具會讓人產生完全不同的聯想。有些人經常夢到玩具，它明顯代表了童年，也許還有我們對重新體驗童年舒適和安全的渴望（但這不是說每個人的童年都占據如此重要的地位）。玩具也可以象徵欺騙。洋娃娃代表母性，或者暗示某人停滯不前、僵硬呆板、毫無起色。玩具兵暗示嚴格的控制。玩具車或在現實生活中很貴重的玩具，暗示著我們對於成功和財富的抱負。

一個常見的物品對不同的人來說可以象徵不同的意義。對於現實主義的人來說，機器也許代表進步；但是對於浪漫主義的人來說，機器則象徵著人性。某些具有傳統意象的物品，例如珠寶，有時會被潛意識借用。鑽石代表永恆和純潔，藍寶石代表真理與和平，綠寶石代表自然和希望，紅寶石代表忠誠、力量和激情。一堆珠寶暗指隱藏的財富或智慧，黃金通常象徵王權、光明和男子氣概，白銀則象徵神祕、黑暗和女人味。

夢見收到來信，也許可以從寄信者的身分找到線索。意料之外的包裹也許暗示前方會出現新的挑戰。寄信這項行為也許暗示著一種凌駕於他人之上的力量。

如果夢中出現的物品難以解析，可以想想它的功用。它是用於哪種目的？

有效嗎？你對它有興趣還是感到厭煩？它屬於誰？它有情慾方面的含義嗎？如果找不到答案，那就將問題先放在一邊——當你不去想它的時候，潛意識也許就會向你揭示其含義。●

禮帽

禮節？
荒謬？
自大？
偽裝？
權威？

手錶

守時？
價值？
規律性？
心跳？
焦慮？

解放或毀滅？

花瓣

慶祝？
悲傷？
柔情？
轉瞬即逝？
美？

鞋

情慾？
優越？
限制？
保護？
穩定？

13 號夢工廠
DREAM WORKSHOP NO. 13

做夢者

詹森，40 歲，旅行社業務，目前單身。幾個月前，他和姊姊大吵一架，因為她諷刺他性格孤僻、不愛交際，是個一無是處的舅舅。他有反省自己是否反應過度了，但他沒有勇氣先開口道歉。

夢境

詹森站在母校的教室裡，穿著一套過時的制服，尺寸太小讓他穿得很不舒服。他旁邊是一面黑板，上頭畫了世界地圖。他人生最大的樂趣與驕傲 —— 一輛古董哈雷機車 —— 掛在教室的天花板上。他注意到快要上課了，於是走到教室後面坐下來，惴惴不安地等待老師的到來。教室的門被打開，一名女性

交通警察走進來，說道：「今天要教你如何用漂亮的紙和緞帶包裝禮物。首先讓我看看你們會怎麼做。」

詹森從口袋裡掏出一隻青蛙，想要用手帕把牠包起來，但是青蛙跳個不停，跳到手帕外面。然後女警開始在筆記本上寫東西，詹森猜測她大概在記錄自己表現不佳。女警問他叫什麼名字，詹森回答「通用汽車」想要誤導她。她向他敬個禮，吹了聲口哨後說：「沒辦法，只能沒收機車。」這時一群孩子擁進教室，開始卸下那輛掛在天花板上的機車。車還沒卸下來，下課鈴聲就響了，他也醒了過來，才發現原來是鬧鐘的聲音。

解析

詹森的夢發生在**教室**，暗示了他姊姊最近對他的責罵是「設身處地為他著想」，並觸動了他童年的回憶。然而教室不是成年人平常會待的地方，**不合身的制服**也許暗示了他無法完全接受這種境況。

詹森焦慮地等待**老師**的到來，也許暗示著他對權威有著孩子般的恐懼，尤其是那種外在塑造出來而非由內散發的權威。這個念頭一直持續到老師變成了交警。詹森應該想一想他與姊姊之間的關係，他害怕姊姊嗎？

包裝禮物的工作通常交由女性來完成，詹森也許將這項任務看作對他男子氣概的一種威脅。無論如何，他的表現並不太好。他從口袋裡拿出一隻**青蛙**，一種難以捉摸、善於

躲避的生物，象徵詹森自己缺乏威信。為了不顯得太過女性化，他沒有使用漂亮的包裝紙和緞帶，而是想用**手帕**來包裝。但是手帕在此處是一件不恰當的物品，根本就包不住青蛙。

詹森變換自己的名字，試圖透過一家大型汽車製造商來宣稱自己的權威。充滿男子氣概的象徵符號讓他感到安心。他的**機車**暗示了孩子透過尋找玩具來尋找安全感，它高掛的位置表明他想要提高安全感。哈雷機車是力量與男子氣概的典範，但是女警最終還是沒收了這輛機車，並且由孩子們拆卸下來，象徵他的男子氣概並不可靠。

發生在夢中某件物品上的事情，與發生在人身上的事情同樣重要。在這個夢中，孩子和女性掌控了象徵男子氣概的機車，揭示了做夢者打從心底知道真正的快樂並不來自財產或權力，也許他該趁這個時候更專注於家人和人際關係。

夢中的數字
NUMBERS

數字是最有意思的存在，數學是理解現實世界的最好方式，宇宙創造之初似乎便遵循了數學原理。古人相信數字可以占卜，於是發展出靈數。即使到了現代，人們都還繼續不斷地探索數字的運作方式和彼此之間的關聯。

　　數字也可以扮演原型的角色，關注夢中出現或重複出現的數字很有意思。房屋的門牌或公車都會有編號（此處可發揮與個人相關的聯想），有時一組可辨識的數字可能代表了某個人。夢中的某個人物也許會將某個詞或動作重複特定的次數。

　　解析數字的方法之一，就是一開始便確定這些數字是奇數還是偶數。在許多文化中，奇數被認為主動且具有男子氣概，而偶數則是被動且帶有女性氣質——考慮到我們所有人內在都同時擁有男子氣概和女性氣質，此一說法就沒有性別偏見的問題。「主動」是指奇數不穩固、易動搖——而偶數則顯得較為穩定且靜態（例如三腳架就沒有四腳架來得穩固）。夢中的奇數也許暗示著行動的需求，偶數則強調了平衡和協調的需要。

　　你可以使用自由聯想或直接聯想來解讀單個數字，或者想想這個數字代表的既定含義是否引起了你的共鳴。從傳統意義上來看，數字 1 代表起源，萬物的源頭；數字 2 代表對立面的結合；數字 3 代表神聖的三位一體，以及身心靈三者的結合；數字 4 代表大地以及均衡；數字 5 代表人類（人類有四肢和一個腦袋）；數字 6 代表實現和圓滿（頭三個神聖數字的總和）；數字 7 代表天與地的結合；數字 8 代表再生和新生；數字 9（3×3）代表完結和收穫；數字 10 代表所有可能性的總合；數字 0 不僅象徵空無一物，也象徵永恆，沒有開始也沒有結束。●

夢的
奇妙邏輯

夢乍看之下毫無意義——斧頭會變成蛇,你迷失在影子迷宮中,天上還下起了蛋奶糊。然而不管夢境多麼怪異,做夢時我們都能接受。夢會改變我們日常生活中的邏輯,這是為了提醒我們,不該將現實生活發生的一切視為理所當然。

邏輯分為兩種：演繹邏輯和歸納邏輯。演繹邏輯包括前提、事實陳述和結論。舉個大家都熟悉的例子：「所有的人都會死。蘇格拉底是個人。所以他會死。」歸納邏輯常用於科學（小說中的偵探福爾摩斯也喜歡用歸納邏輯），先列出事實證據，再做出總結：「教堂外面有五彩紙屑。結婚的時候會撒五彩紙屑，因此剛才有人在教堂舉行婚禮。」

所有人都會使用這兩種邏輯去理解世界，也認同這在我們生活中發揮作用。

大部分的夢中世界既不遵循演繹邏輯，也不遵循歸納邏輯，讓人很難搞清楚潛意識到底為什麼要這麼做。然而透過觀察夢境，看它是否創造了自己的規則，我們也可以逐步理解夢的邏輯運作方式。

首先你會注意到，夢其實並不關心細節的真實性。比如你夢見自己的臥室，但是在夢中窗戶的位置卻是錯的，或者原本房間裡有一扇窗戶，在夢中卻出現了兩扇。又比如你夢見某個認識的人，他的樣貌卻長得和之前不一樣——有趣的是，這並不會妨礙你認出他來。或者，你在現實世界中是吉他高手，在夢中卻完全不會彈吉他。通常在你第二天醒來回想夢境的時候，才會發覺這些細微的誤差。做夢時，你照單全收。

你也許還注意到了，夢從不考慮前後的一致性。在同一個或者多個夢中，不僅場景的細節會發生變化，夢中出現的物件或人物甚至可能在你盯著他們看的當下自行改變。一頂毛皮帽子也許會變成一匹馬，朋友會變成陌生人，書可能會開花。而在夢中的我們就這樣接受了所有的變化，好像一點也不驚訝。（學會留意這些轉變，有助於將夢變成「清醒夢」，我們在第六章中會詳細描述。）

夢不僅無視身分的規則（一件物品在夢中會變成其他物品），也不在乎時間與空間的規則。某個朋友曾夢見自己獨自搭火車去東歐，前往一個名為普林的地方（後來他發現這個地方根本不存在），打算在那裡和哥哥碰面；他哥哥也是一個人從布拉格出發，前往普林。午夜時，火車停在一片空曠的原野。被告知不會有其他火車經過此地之後，他拿著行李下車，開始步行。突然，他看見一個路牌上寫著「距離費希爾斯格林還有 2 英里」。他回到了熟悉的地方，此處距離他位在倫敦近郊公園旁邊的家只有 10 英里路程，於是

他打電話跟哥哥說他無法去普林與他碰面了。

這就是夢，沒有誇張，也沒有掩飾。你也許會想，這個夢中的時間或空間是否被扭曲了？答案並不簡單，因為夢並沒有距離和時間的參考標準，它會自動省略行走的過程。最好的回答也許是時間和空間「都」受到了扭曲，因為夢中展現的這兩者都並不真實。此外，一般禮節的標準也受到了扭曲：做夢者並沒有為不能碰面道歉。話又說回來，讓我們看看夢中究竟發生了什麼事：做夢者提著行李從東歐步行到英國，簡直讓人難以置信。此處必然出現了某種魔法——潛意識的魔法。

這個例子非常典型，但是很多夢（尤其是第一層夢）中的思想和行為確實相對符合清醒世界的真實情況。通常，我們在夢中遵循的依然是正常的是非觀念，也傾向於保持自我的存在感，雖然我們也許會比現實中的自己年輕或年長，但我們仍然知道那是自己。我們也會體驗到正常的情感，因此，縱使夢並不關心外部的細節，但表達我們的自然天性是沒有問題的。

記得，夢有時也許會利用其前後不一致的個性來傳授一些寶貴的教訓，關乎我們自己，關乎他人，也關乎生活中的各方面。概括地說，夢提醒我們，這個世界雖然看起來很穩定，但其實每天都在不停地變化，並沒有什麼是一成不變的。在很多時候，夢的意識比我們清醒的時候更具有洞察力。夢不會受到物質世界五花八門的活動干擾，它可以退隱至自身之內，看清存在之謎背後隱藏的許多祕密。也許在夢中，我們更接近現實的本質。●

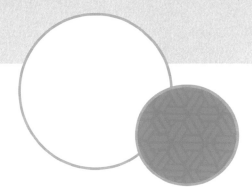

14 號夢工廠

DREAM WORKSHOP NO. 14

做夢者

凱特，44 歲，每天工作都很忙。她擔心自己不夠了解兩個青春期的女兒每天都在做些什麼，也擔心她們交到壞朋友。

夢境

沙漠中有三頂條紋帳篷，周圍放牧著駱駝。然而夢中出現的其他元素暗示著場景在西部荒野，有間小酒館，酒館外拴著馬，酒館裡傳來夜總會的音樂聲。有一間銀行正在整修，銀行的正面布滿了美元標誌。一個留著落腮鬍的男人站在梯子上，用黑色顏料在銀行的牆上畫假窗戶。一名醫生在一個臨時搭建的

屋棚內販賣蛇油做成的藥，人們排隊等待應診。有些已經買到藥的人在塵土飛揚的道路上做起側身翻，有些人臉色鐵青地倒在地上。

解析

帳篷為這個夢的解析提供了一條重要線索。帳篷代表著隱藏，如果凱特的女兒不相信她，那她需要找出原因。當然，她們之間的關係有很多需要關注的地方，但是這個夢想要表達的不只這一點。有 **3 頂**帳篷，其中一頂是凱特的，也許她才是將帳篷用於藏身的那個人，反映出她與其他人之間的關係。

沙漠暗示著家人關係的現狀，也暗示了凱特的孤獨。被稱為「沙漠之舟」的**駱駝**顯然是穿越沙漠的最佳工具，但是出於某種原因，凱特並沒有使用牠們，自己拒絕了旅行和擁有新體驗的機會。

不協調的**西部荒野**景色就像一部老電影，是人造的，整修中的**銀行**更加強了這個觀點。銀行通常暗示著安全，但更直接讓人聯想到金錢。這也許在警告凱特，貪婪和物質財產都是虛假的諾言。銀行的**窗戶**是假的——表面上公開透明，其實背後隱藏著某些東西。甚至連那個男人的鬍子都有可能是假的，一種偽裝，用於隱藏自我。

蛇油商人不足以為信，他的出現進一步強調了這個夢建立在欺騙之上。也許過去曾有人讓凱特失望。她注意到有些人吃了藥並且開始**側身翻**——一種非常引人注目但並非正常的前進方式，其他人臉色變**綠**而且病倒了（綠色可以象徵自然，

為進一步的解析提供了一條很有意思的線索）。凱特知道商人的假藥（謊言）不能吞「下肚」，也無法讓人痊癒。在她的內心深處其實明白，幸福的源頭並非來自他人，而是自己的心。

電影經常會潛入我們的潛意識，為夢提供一些基本元素。如果你夢到一個從未經歷過的場景，倒是可以回想是否來自於電影。在此夢中，電影般的場景強調了一條貫穿整個夢境的訊息——凱特需要放下欺騙，尋回坦率與真誠。

荒誕的夢境敘事
DREAM NARRATIVE

夢　有時就像個說話總是抓不住重點的老朋友，天南地北地漫遊：一個開始於海邊的夢，也許會在你的辦公桌旁結束，而一個始於辦公桌的夢很有可能最後停在一條空曠的大街，一面傳來兒時熟悉的模糊鐘聲。

看似混亂的夢境讓很多人以為它荒唐無意義而不予理睬。但是，如果我們審視一下現實世界，會發現很多事情也沒什麼邏輯，出現莫名的阻礙、計畫被打亂，或是某個活動突然結束，下一個活動又突然開始。從旁觀者的角度來看，我們的行為也有可能是雜亂無章的。

如果我們更進一步誠實地觀察自己的思維習慣和過程，也許會發現這過程比我們以為的更加隨興。有鑑於此，我們潛意識的運行方式肯定不會比意識

心智更加有條理。

　　夢繼承了清醒世界中的不連貫模式，而且在各個方面都顯得更加混亂。它們習慣忽略事物的關聯性，它們會從一個位置直接換到另一個位置，從故事的某個情節跳到另一個情節，場景的轉換也沒有任何過場。它們關心的只有那些與潛意識有關的情節。

　　所以最好還是不要把夢看作是一個故事，而是看成幾個小故事的總和，就像一本短篇故事集。此外，你也許會將不同晚上做的夢視為一個個獨立的夢，由無夢（你沒有察覺到自己做了夢）之夜分隔開來。每一個「獨立」的夢或小故事都有各自要傳達的訊息，因此需要分開解析。但另一方面，將所有看似獨立的插曲綜合起來也許更有意思，你也許會從中發現某種模式——也許是連續的，或是相互對照的，也有可能是相似的。

　　在解析夢境時，「敘事」（narrative）是個被廣泛使用的概念，透過事件的開展而進行下去，這樣就和講故事差不多了。但如果你想找到清晰的開頭、經過和結局，以及明確的動機和人物角色，那可能就要失望了。如果將夢境比做故事，那它就是現代主義實驗風格融合魔幻寫實色彩的故事。然而由於奇怪的情節並置、神祕的不期而遇、時間的倒敘和各種特殊效果，某些人發現，將夢看作是一部由心智製作拍攝、探索個人心靈世界的內心電影，也許更容易理解。

　　解析夢境敘事的第一步可以問自己，這個夢有沒有任何繼續發展的感覺或

可能性。以下一篇夢工廠中妮可的夢作為例子，從與兒時好友團聚到飛翔的興奮體驗，這個進展讓我們放棄了另一種解釋的可能性：妮可應該放下公司，追求個人的自我滿足。事實上，夢中的快樂來源不只是飛翔，還有飛翔時看到的寬闊視野。如果她在一開始不和朋友碰面，就不會有後續的飛翔體驗。並且，是妮可的朋友發現了氣球並指給她看，而禮物的交換代表著狂喜，只有慷慨的舉止才會帶來這種體驗。夢中連續發生的行為和不斷出現的象徵符號導出了貌似正確的分析。

妮可的夢境相對比較連貫且敘事清晰，而你做過的許多夢多半模稜兩可。有時你甚至會覺得自己的夢更像是一個故事的創作發想草稿，而非故事本身。在這種情況下仍然值得分析看看，從一個畫面轉到另一個畫面，也許就是一種發展。假設有人夢見一列火車從一間房屋和一片盛放的花叢中穿過，即使是這樣一小幅畫面也有解析的空間——從一個受約束的前進運動發展為向四面八方伸展，同時也是從機械到自然的發展。一如既往，這個畫面所包含的各種含義（包括那棟房屋），都取決於做夢者。●

15 號夢工廠

DREAM WORKSHOP NO. 15

做夢者

妮可，三十出頭，5年前和丈夫離婚後失去了自信。她的父母離異，她原本發誓不會像她的父母一樣。如今她已再婚，搬到新的城鎮生活，她覺得自己比從前幸福。

夢境

妮可與兒時好友莫妮卡坐在一片漂亮的草地上，她們自從國中畢業後就再也沒見過面了。她們坐在一張小毯子上，毯子的亮黃色似乎把她們的臉也映黃了。她們帶了要送給彼此的禮物：妮可送給莫妮卡一個乖巧可愛的洋娃娃，莫妮卡則送給妮可一頂化裝舞會用的海盜帽子。她們手中把玩著自己收到的禮

物，有說有笑。莫妮卡笑著指向一大束飄過山頭的橙色氣球。妮可心中出現一種強烈的渴望，她站起身去追趕那束氣球。她愈跑愈覺得渾身是勁，於是她跳起來，跳躍原野、河流和房屋上空。最後她抓住其中一顆落單的氣球，放下對世界的眷戀，讓它帶著自己飛翔。當她醒來時依然沉浸在飄浮在空中的滿足感中，同時又失望地發現自己仍然在地面上。

解析

　　這個夢暗示著妮可逐漸明白了生活中最重要的東西是什麼。**草地**是很有意思的原型符號，聯繫了文明花園和自然荒野，通常暗示寧靜、安全以及對簡單生活的渴望。夢中出現了妮可的**老同學**，也許她希望

回到一種更加單純的生活狀態。她的朋友在夢中指著氣球，藉此提供某種指引。回顧過往也許可以幫助妮可在未來獲得幸福。

　　夢中還有幾個符號象徵著妮可想要關注的積極特質。女孩子交換**禮物**是關係融洽的一種表現，乖巧的洋娃娃象徵著愛和柔情，**海盜帽**則暗示著打破規則、冒險犯難。**黃色**是一種模稜兩可的色調，不過夢中出現的是明亮的黃色，而且映在女孩們的臉上，因此它也可以代表太陽，暗示直覺、信任和善良。**橙色**暗示著靈性、愛和幸福，尤其是在印度和遠東地區。

　　球，也就是**氣球**（可飄浮的球），同樣象徵了太陽，而妮可在追趕氣球的時候感覺精力充沛。所有飛翔的東西都可以代表強烈的渴望、希

望和夢想。妮可抓住一顆落單的氣球，暗示獨立精神。她在空中看見的鄉間景色也許代表一種新能力，讓她能更客觀地將事情看得更清楚。夢結束後的失落感進一步證明了這個夢具有啟發和振奮人心的功能。

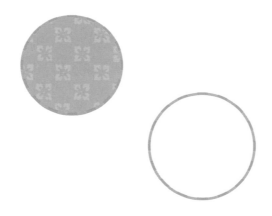

夢見飛翔或飄浮，是潛意識與生存的喜悅再次取得連結的一種方式。妮可透過跳躍和飄浮感受到幸福，並且得以用全新的視角觀看鄉間景色——正是因為這全新的視野，我們不該草率地將這個夢看作是願望的實現或逃避現實。

在神話中尋找線索

在希臘神話中有個關於海洛（Hero）和利安德（Leander）的傳說：海洛是個漂亮的女人，被她好猜疑的父親囚禁在達達尼爾海峽（位於希臘和土耳其之間）東海岸的一座燈塔。她的愛人利安德住在西海岸，每天晚上都會游過海峽，與她祕密度過幾個小時的黑暗時光，第二天早上再游回去。為了給他指示方向，海洛都會在屋裡點一盞燈。一天晚上，暴風雨吹熄了燈火，利安德因為迷失方向而淹死了。第二天早上，海洛看見海上愛人的屍體，於是跳塔殉情身亡。

你也許會覺得這個傳說很感人，卻很不真實，因為沒有人能夜復一夜，甚

至在 24 小時內來回游過達達尼爾海峽。暴風雨過後，屍體也不大可能正好出現在窗戶下方。但是從情感上來說，作為男女之間的愛情悲劇以及雙方的自我犧牲，就顯得合情合理。這就是夢能夠對人們產生的情感衝擊。它們探索我們內心最深的希望、慾望和恐懼，透過這種方法有助於反映出滲透進我們生活中，那些未曾公開的擔憂。

多年之後，神話傳說依然能引起我們的共鳴，表明了它們與人類心靈之間的緊密連結。在創作這些故事的時候，那些不知名的作者展現出過人的智慧，在某種程度上，他們可以算是編寫了世上最早的心理學課本。因此，研究神話傳說是最有效的解夢方式之一。它們能幫助我們更深入看清夢中的故事情節，同時幫助我們理解在第三層夢中遇見的原型角色。

父母和孩子之間的鬥爭，在早期希臘神話中占據著重要的位置——尤其是泰坦神克洛諾斯（Cronos）對其父親天神烏拉諾斯（Uranos）施加的暴行，以及泰坦神與奧林帕斯眾神之間的王權之戰；這場戰爭最終以宙斯（Zeus）獲勝收場。與家人之間的關係緊張因而感到焦慮的人，都可以從這些神話中找到相似的例子。此外諸如尤里西斯（Ulysses）[7] 與傑森（Jason）[8] 的遠征鼓舞人心，奧維德（Ovid）的《變形記》（*Metamorphoses*）[9] 展現了愛足以改變他人的強大力量。強烈推薦對解夢有興趣的人去讀讀各國的傳統文化與神話，不僅可以鍛鍊你的想像力，也可以為解夢打開思路。●

---

7 特洛伊戰爭的英雄，想出木馬之計攻下了城池，之後又經歷十年漫長的旅程才終於返家。
8 希臘神話中取得金羊毛的英雄。
9 羅馬詩人奧維德的作品，共有 15 冊，約兩百多個傳說（大部分是愛情故事），描述了希臘羅馬神話中的世界歷史。

夢想成真

英國維多利亞時代的詩人白朗寧（Robert Browning）寫道：「啊，一個人的目標應該超越他能力所及的範圍，否則何須天堂的存在？」換言之，我們應該追求比自我更偉大的目標。佛洛伊德認為夢是一種願望的實現，多少彌補了現實生活中的失落或限制。這個觀點淡化了夢對於自我理解和自我發展的重要性，但仍然值得予以重視，因為「如願以償」是許多夢的要素。

佛洛伊德認為所有願望和興趣都源自於性本能，但是榮格否決了這種「泛性論」（pan-sexualism），並呼籲人們更專注於高階能量，也就是所謂的精神渴望。佛教認為這是苦集滅道的涅槃狀態。詩歌再次生動地表達了這個問題。在《魯拜集》（*Rubaiyat*）中，詩人奧瑪·開儼（Omar Khayyam）巧妙

地按照自己的願望塑造了世界，並對他心愛的人說：

啊，我的愛，如果你和我及命運只能協力共謀，

控制世間萬物的可悲格局，

那為何不將其砸成碎片，

放在距離內心願望最近的地方？

在解夢時，偶爾會發現夢揭示了一些連我們自己都不知道的願望。透過這種方式，夢幫助我們認識內心隱藏的渴望，並讓意識心智去決定這種渴望是否能實現——如果真能實現，是否該做出相應的舉動，或者就將其看作是一種幻想憧憬。即使是幻想，一旦暴露在陽光下，也能幫助我們更加了解自己。比如說，它們有時可以解釋深埋在我們內心的不快樂，而其原因可能已經困擾我們很長一段時間。

夢通常無法掌控，所以如願以償的喜悅有時會因為夢中不開心的事情而突然被打斷。好像我們就要走上台領獎，頒獎儀式卻意外中斷；或是我們參加了某個有趣的聚會，卻突然發現自己的打扮很不合宜。這種令人洩氣的時刻是夢的邏輯中一個很重要的部分。潛意識也許在告訴我們，我們的願望毫無價值，完全無法現實，或是充滿潛在的危險。

在不同層次的夢境，實現願望的方式也可能大不相同。第一層夢包含在白

天被記住的、沒有實現的願望。第二層夢揭示了更久以來的願望，也許是孩提時對自由的渴望。最具野心的是第三層夢，表達一種找到靈性自我和靈性歸宿的願望，以及實現永生的渴望。

要將願望實現和「夢想指針」區分開來並不容易，也毫無意義——象徵性的場景可以提出解決我們生活中某個關鍵問題的方法。指針通常會指向它所推薦的解決辦法，就像接下來夢工廠的例子，夢對做夢者展示了讓家人不再失望的重要性。克柔伊爬上梯子找到了解決辦法，她發現實現願望可以得到解脫和滿足。佛洛伊德說得很清楚，實現願望也可以幫做夢人指引出正確的方向，以緩解他們的不滿。●

用觀想開發內在潛能

雖然夢並不會向我們展示**如何**獲得我們想要的東西的方法，但可以幫助我們開發內在潛能。在這個過程中，「觀想」可以幫助我們。例如，如果想要抑制身體上的疼痛，你可以觀想自己每一次吸氣時都會吸入療癒性的白光，然後每一次呼氣時都呼出自己的不舒服；或者你可以想像自己在一片美麗的沙灘上無拘無束地奔跑，沒有痛苦。如果要準備面試，你可以觀想自己非常強大而且很有信心、巧妙而且從容地回答了所有問題。觀想時要詳盡細密，場面生動逼真，而且要定期觀想。睡前將觀想的畫面保存在腦海中，練習一段時間之後，這些畫面就會開始出現在夢中，為你帶來潛在的益處。

16 號夢工廠

DREAM WORKSHOP NO. 16

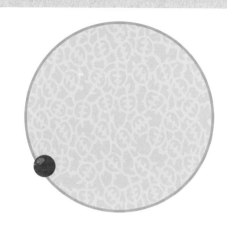

做夢者

克柔伊，21 歲，紐約一所法律學院的學生，正在為期末考試做準備。她的父母與她相距幾百里，相比之下，她認為他們更關心還在讀高中的妹妹。

夢境

克柔伊穿著一件紅白相間的夏裝，腳上卻穿著冬靴，這讓她覺得很熱而且很不舒服。她站在紐約中央公園，周圍是穿著工作服、戴著安全帽的工人，他們正在用捲尺進行測量；其中一人在測量兩棵樹之間的距離，另一人站在梯子上測量葉子和樹枝的長度。

她的父母前來與她會合，原本打

算要野餐，但是他們忘了帶食物。她的父母說：「不用擔心，我們會找到東西吃的。」克柔伊想從樹上摘一顆看起來很可口的桃子，但她摘不到。她的父親要她別白費力氣。「那不是妳的，妳不能摘！」他一遍又一遍地喊著，愈來愈大聲。最後克柔伊終於受不了，她搗起耳朵，爬上梯子逃離現場。

當她爬上梯子頂端時，工人神祕地消失了。令她非常高興的是，樹梢上擺滿了各種各樣的水果和蛋糕，於是她坐在一根樹枝上盡情地享用，一邊欣賞整個公園的美景，感到心滿意足。

解析

夢境整體呈現給人一種困惑的感覺。克柔伊穿著**夏裝**，讓人聯想到明亮和愉悅，腳下卻踩著不協調的**冬靴**，很熱而且不舒服。她一身的衣物暗示有某種潛在的沉重感阻礙了她享受周圍的美景。

公園中忙碌工作的**工人**同樣表示克柔伊無法放鬆，也許是因為她擔憂即將來臨的大學考試。工人都戴著在此處看似不大必要的**安全帽**，而**丈量**樹、樹枝和樹葉看起來也沒什麼意義。這些象徵符號也許和她學習法律有關，暗示她對於訴訟過程感到沮喪，而且過分注重細節。

然而克柔伊最不滿意的是她與**父母**之間的關係。她對父母感到很失望，因為他們忘記了約定好的野餐——食物通常象徵了情感支持。另一方面，他們約束了她的獨立，當她想要摘個桃子給自己，父親卻表現得很生氣。

夢的結局為克柔伊提供了一個解決辦法。**梯子**象徵她逃離的方式，讓她在樹梢發現了美食和美景。現在她已經離家很遠並且自己生活，讓她有機會學習情感獨立，而她的確應該好好把握這個機會。

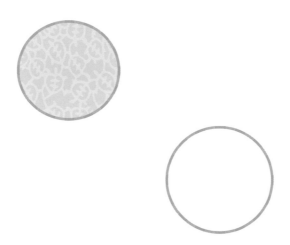

快樂結局的夢有兩種可能，一是讓我們從根深柢固的個人問題中感到寬慰與暫時的解脫，二是象徵性地暗示了幾種可行的辦法，幫助我們解決在清醒世界中遇到的問題。在這裡，克柔伊做的夢也許是要告訴她，她需要培養自己的獨立性，克服缺少家人支持所帶來的失望。

夢的超現實主義

THE SURREAL

超現實主義運動興起於 1920 年代，對歐洲的藝術創作影響深遠。代表藝術家達利、德爾沃（Paul Delvaux）、馬格利特（René Magritte）、基里訶（Giorgio de Chirico）等人的畫作，以及曼·雷（Man Ray）的照片中，常會出現奇怪的並置元素，挑戰我們對於藝術和現實的認知觀念。人們穿著西裝、戴著圓頂高帽飄浮在空中；機器和其他堅硬的物品就像一片片培根一樣癱軟垂掛在桌子邊上；光和影無視物理法則；天平的怪異扭曲暗示著平行宇宙的存在，世俗的科學定律在這裡已不再管用。你也許會想：真像夢中的世界啊！

在幾世紀之前，在荷蘭畫家波許（Hieronymus Bosch）、西班牙畫家歌雅

（Francisco Goya）和法國畫家魯東（Odilon Redon）的作品中，已經可以看得見超現實主義的概念。他們證明了超現實主義是一種普遍的思想趨勢——也許並非每一個人，但是人們確實會質疑內在自我與外在現象之間的關係。法國藝術家布勒東（André Breton）開創了超現實主義，為的是再現「真正的思想過程」。

當然，超現實主義早已進入我們的意識和潛意識心智，甚至對我們的思考方式產生了深遠的影響。倘若如此，這個過程很可能是雙向的：對超現實主義藝術的感受性與接受性，肯定與我們深層次的想像力產生了共鳴。

夢為現實物體加入了非現實的特性，**是精神世界的全方位展現。在混亂的敘事和意象中，記憶、願望和焦慮都轉化成可觸及的形式。**當超現實主義出現在夢中時，它會將我們帶往不合理的方向，有時甚至會帶我們進入完全混亂的狀態。

超現實主義的夢境都**很生動，通常會讓你印象深刻——很可能是因為夢中的潛意識對清醒心智產生了很大的影響。**潛意識使用這些令人難忘的超現實意象，難道是因為它有緊急訊息要告訴我們嗎？的確有這樣的可能性。但是我們不必過度擔心超現實的夢境，它只是潛意識用來向做夢人傳遞某個或一連串特定訊息的一種工具。

超現實夢境讓我們想起了想像力的內在創意泉源，常讓身為夢境創造者或接受者的我們嚮往生動的藝術體驗。而這些是最有可能被我們寫下來並向別

人講述的夢。榮格認為我們一天 24 小時都在做夢，只不過在清醒的時候，這些夢被我們的意識心智過濾掉了。一個人在睡眠剝奪實驗中，或處於某種身體狀況下（例如輕微的癲癇），可以意識到自己同時處於清醒和做夢的狀態。而且似乎透過某種練習，例如冥想（讓意識心智趨於平靜），我們都可以訓練自己體驗到這種狀態。前文中提過，著名的超現實主義畫家達利刻意讓自己的意識處於半夢半醒的催眠狀態，以便將他看到的影像呈現在畫作中。結果就會擁有一種近似於魔法的能力，就像在我們的意識裡安裝一個微妙的變速裝置。達利允許其作品中的每個畫面同時表現好幾件事，就像在夢裡一樣，以提醒我們每一次經驗所包含的各種可能意義。貝殼可以是眼睛，裝水果的碗可以是女孩的鼻子和額頭。物體之間可以相互轉換，不再具有固有的典型特徵，不再有任何規則，彷彿將夢境意識直接投射在畫布上。

　　超現實主義和夢都是要告訴我們，**事情並不總如表面看上去的那樣；現實是流動的，不是靜止的。**我們看超現實主義的藝術作品很有「感覺」，因為我們可以從夢中認出它們——我們就在那裡，在夢裡，在畫裡。這些作品和我們的夢表達了同樣的潛在願望——清醒世界不會誤導我們只相信現實的部分觀點。●

思考與做夢

THINKING &
DREAMING

培養回憶夢境和解夢的能力，可以幫助我們探索並理解自我意識的變化過程。如果沒有這樣的練習，那潛意識的運作方式對我們來說便永遠是個謎。

其中一種極具啟發性的練習方式便是冥想。冥想可以訓練我們去觀察，並且在某種程度上控制意念的運行。將注意力集中在某個簡單的事物上，比如呼吸，冥想者可以避免被掌管意識的思緒流給干擾。隨著冥想技巧的提升，便可以不含個人偏見地將注意力置於思維之上，彷彿思維是某種客觀物體而非主觀現象。這將有助於冥想者探索思維的本質和運作方式，以及與之相關的情感。

當我們達到某種類似超然的警醒狀態（alertness），這時解夢是最有效的。這有助於我們分析做夢時的意識狀態。比如，我們可能會問自己：當這件事或那件事發生的時候，我是怎麼想的？我有什麼感覺？為什麼我會這樣做？諸如此類。如果我們獲知了意識在夢中運作的方式，那麼當潛意識接手掌控一切時，我們便可以開始理解潛意識是如何影響我們清醒時的思維和行為。因為即使當我們處於清醒的時刻，也不一定是意識心智在指揮我們的日常生活。

用這種方法做夢，可以讓我們更容易辨別夢與清醒之間的邏輯區別。在現實世界中，我們知道萬事都有因果，如果我們拉上窗簾，房間就會變暗。但是在夢中，事情的發生常常沒有什麼原因，光線突然沒來由地就變暗了。在夢中，我們常會發現自己處於某種境況，卻不知道它是怎麼發生的，以及為什麼會發生。

榮格在他的研究中留意到一種現象 —— 在清醒世界和夢境中，我們的心智會透過「意義」將事物連結在一起，而非因果 —— 他稱之為共時性（synchronicity）。比如我們會突然冒出一個想法，覺得某個朋友陷入了困境，下一秒，她就會打電話告訴我們她需要幫助。這兩者之間並沒有因果關係，但是卻有著密切聯繫。在觀察夢境的時候投入愈多注意力，我們就愈能看清楚關聯事物的共時性，而不是因果關係。在夢中覺察到愈多的共時性，我們就可以在清醒世界中發現愈多的共時性。對於某些人來說，透過做夢獲得更高的敏感度將會增加他們的共時性體驗。

　　適應夢中的奇怪邏輯，也能讓我們識別出夢中一些怪異多變的情況。我們會發現，雖然夢並不會受到清醒世界規則的限制，但有些事情在夢中同樣不可能發生。我們在夢中也許竭盡全力也沒辦法穿牆，不會水上漂，甚至會失去真實生活中的某些能力，比如簡單的算術、味覺和觸覺，或唱歌和吹口哨。

　　在解析夢境時，要將自己和夢分離開來，就像冥想者會把自己從思想和情感中分離出來一樣，為深入了解此類奧祕打下良好的基礎。對夢境進行各種檢查及解析的原因因人而異，而這個原因也許傳達了重要的訊息。例如，不能穿牆而過也許象徵我們在不自知的情況下為自己設下了障礙，不能在水上行走也許與害怕揭露自我有關。唯有超然客觀地看待一切，才能使我們全神貫注，幫助我們對夢中所有的細節和情緒保持警覺，看清楚夢中這些事物和影響我們生活的事物是如何產生關係的。唯有這樣，我們才能找到正確的關聯，得出可靠的解釋。

　　很多人被困在一種不切實際的自我形象之中，甚至不能正視自己遇到的問題，更別說去解決它們了。研究夢境有助於我們從自我欺騙提升到自我察覺的境界。不管怎樣，想要對自己有全新的了解，這才是最重要的。對於那些不願意敞開心房審視自我的人，最好的鼓勵方式是建議他們去想想認識自己所帶來的滿足感。這就像是自來水和山泉水的差別：喝自來水確實可以讓我們感受到解渴的暢快，但這是因為你還沒有品嘗過山泉水的純淨。●

17 號夢工廠

DREAM WORKSHOP NO. 17

珍妮，35 歲，護士。她想要成為助產士，不久之前開始進行培訓課程。她離婚，沒有孩子，對愛情仍然沒放棄希望。她想要重新建立一個家庭，卻也擔心自己年紀愈大愈不容易懷孕。

在沙漠中有許多小袋鼠四處跳動。珍妮感覺很孤獨，也很害怕袋鼠。突然她聽見有人大喊「老鼠」，她嚇了一大跳，卻沒看見人影。一棵樹從沙子裡冒出來，開始長葉子。但是葉子全都變成了書，書上滿滿都是代數公式和外國文字，看起來像阿拉伯文和希伯來文。一隻小袋鼠跳到珍妮面前，用英語問她是否

有多的三明治可以給牠。珍妮回答「沒有」，但是袋鼠沒有聽懂。然後珍妮從樹上摘下一本書，第一頁的內容告訴她檢查一下口袋裡有什麼。她找到一個早就忘記的三明治並且遞給袋鼠。現在珍妮覺得沒有這麼孤單了。她看著被微風吹拂翻動的書頁，心想它們真是漂亮極了。

解析

夢境似乎準確地反映了珍妮目前的狀況。**沙漠**風景顯然象徵著她情感上的孤獨和貧瘠。她已經 35 歲，她擔心年紀愈來愈大，再等下去就沒有機會為人母了。

袋鼠是一種很有意思的象徵符號，代表著母親身分——小袋鼠即使離開了子宮，母袋鼠也會將牠帶在身上。這或許有助於珍妮審視由小袋鼠引發的恐懼：這種情感是因為她對自己還沒有孩子而感到焦慮，還是有其他問題困擾著她？

「**老鼠**」這個詞需要好好思考一下，也許和對她自己或對前夫的憤怒情緒有關，兩人結婚又離婚，卻沒有生下孩子。但也可能和其他問題有關。找出這個詞本身的聯想，也許可以幫助她理解其含義；同樣的方法甚至能幫她辨識喊出「老鼠」一詞卻不露臉的那個人。

讓人較為寬慰的是，**樹**象徵了繁衍，也象徵內心的發展和演變。在夢中，葉子變成了書，反映出珍妮學習成為助產士的過程。即使書是用她根本看不懂的**外文**寫成，但她還是成功看懂了第一頁，這暗示著她所知道的比她自以為的更多。

夢的結局非常明確，美麗的書頁

在風中翻動，暗示她將從學習中獲得滿足感，或暗示在她人生的這一章將會出現新的戀愛關係。**口袋**象徵著她的子宮，餵袋鼠讓她感覺不那麼孤單，而她找到的**三明治**也許暗示她已經抵達感情養分的隱藏來源，所以她可以提供給孩子的遠比她以為的多。

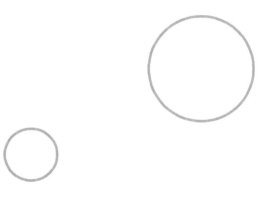

最令人感到愉快的夢通常毫無道理而且不拘一格。這樣的夢境意象豐富，充滿了聯想而非清晰的敘事。做夢者珍妮擔心無法生育，小袋鼠耐人尋味的疑惑則反映出她的擔憂。

墜入夢的循環
RECURRING DREAMS

循環夢境是指同樣的夢中情節一次又一次地出現，這可能是最有趣的夢境體驗之一。此外還有夢境主題不斷重現，但細節會有所不同。我也有過同樣的經驗，是關於火車的夢，雖然在現實世界我對火車並不是特別感興趣。在夢裡，有時車廂很滿，我找不到座位，有時又空蕩蕩的；有時車廂內的裝潢

很貴氣，充滿紅色和金色，有時卻樸素簡陋；有時我在趕火車，有時忙著下火車；周圍的景色有時候很熟悉，我在小時候見過，有時又很陌生。雖然夢的內容不盡相同，但都環繞著旅行這個主題，而旅行暗示生活中的進步。

　　雖說循環夢境相對簡短且較不複雜，但它們可以為解夢提供最具有價值的材料。比較典型的例子，例如夢見在暗巷被一群狗追，夢見一群馬在草地上奔馳，或夢見與一個遮住臉的陌生人講話。循環夢境通常充滿了強烈的情感，比較常見的是焦慮或恐懼，有時也會出現正向的情感，那種寬慰的感受甚至可以延續好幾天。某些人可能會因為不斷重複的夢而感到沮喪。也許隔幾個星期、幾個月，甚至幾年，但你總能一眼就認出自己曾經做過這個夢。

　　在解析循環夢境時（直接聯想的效果通常不錯，見第 60-70 頁），重點是堅持不懈，直到某個想法引起你強烈的共鳴，並依此找出可能的解釋。如果從此之後，這個夢不再重複出現，那麼你的解析也許就是正確的；但如果繼續出現，那就需要再努力一點。如果循環夢境產生積極正面的情緒反應（通常是第三層夢），可能就不需要進行過多的細節解析。夢的目的是傳達神祕的真理，而這些真理無法簡化為文字，只可意會。

　　而不斷發生的「假醒」則是完全不同的情形，做夢者可能會以為自己已經醒來，然後夢到自己起床準備去刷牙洗臉。

即使當我們清醒的時候，情感也不會受邏輯控制。我們常會聽見這樣的說法，例如「我不知道我為什麼會有那種感覺」，或「我剛才有些情不自禁」。似乎經常是情感控制著我們，而不是我們控制情感。雖然情感的力量讓我們感到驚訝，但我們通常能夠明白是什麼引發了這些情感。在某些簡單的情境下，我們很容易就能掌握其中的因果關聯：聽到好消息便會為之振奮，走在鄉村小徑就會感到非常放鬆，看悲劇電影便會傷心流淚。

在夢中，有時會看不見明顯的因果關聯。我們可能會發現自己對於暴力無動於衷，但卻因為一陣小雨而感到悲傷；我們會因為在塵封的書架上找到一本舊書而歡呼雀躍，手握一整箱的鈔票卻毫無感覺。

夢中情感可能像清醒時一樣強烈，並且在我們醒後一直伴隨著我們；我們也許會因而興高采烈，也許會為之低落沮喪。這些情感常常比清醒時的情感要孩子氣。小時候，我們的情感會受到狹隘的理解能力所限制，我們會因為弄壞玩具而難過，對祕魯發生的地震災害卻無動於衷。成年人的第一層夢和第二層夢都有機會重溫孩子般的天真情感。我們會以童年時應對問題的方式來應對這些事情。

無論如何，透過關注夢中的情感，可以了解是什麼在激勵或困擾著我們。這些情感的「邏輯」就是，它們都是孩子本能——甚至自私——的反應，不受慣例和環境的影響。

相較之下，我們在日常生活中會以某些特定的方式對事情做出反應。我們容易受到他人情感的影響，如果我們身邊的每個人都在哭，我們也會想哭。這種傾向似乎是天生的，很小的孩子看到別人哭，他們也會哭。人是群居動物，在清醒的世界中，我們的情感在某種程度上是一種社交反應。

然而，無論我們在清醒世界多麼積極參與社交活動，在夢中，我們都是獨自一人，因此我們的情感會自然地出現。這有助於我們將注意力轉向那些影響我們情感的事物。通常都是一些私密的小事，例如梳子不見了、發現朋友偷占了你在火車上的位置，以及因為鞋子最乾淨而受到表揚。這樣的小事就能支撐起所有深埋於內心的情感，而且這些情感大多與受傷、沮喪、羨慕、憎恨、忌妒有關。在清醒世界中，這樣的情感會貶低我們，而我們時常不會

意識到它們的存在。因此，夢可以藉由揭露令人尷尬的情感，而不是我們所期望感受到的共同價值觀（自信、團結、同情心），來激發我們的動力。在夢中，我們不會受到他人情感的影響，而是發現自己的脆弱——前提是我們能夠運用想像力，誠實地解讀夢中的象徵符號和情緒。

因此，夢中情感的功用之一便是透過解析來發現自我。但是還有一種更受大眾歡迎的功用——因為夢中情感要比清醒世界中的情感更易掌控，除了發現自我，還可以將做夢當成一種心靈補品。

對夢境研究得愈多，它們就愈能回應我們的願望。我們可以採用一個簡單的策略：在睡覺之前告訴自己會做個好夢，第二天早上精神煥發地起床，這麼做可以對夢境產生顯著且良好的影響。我們可以在夢中體驗到滿足、愉悅和自我實現——偶爾還可以深入到第三層夢。這麼做可以反過來對潛意識造成微妙的影響。夢是我們的朋友，如果我們的夢經常是支離破碎而且壓力重重，也許是因為我們沒能從這段友誼中獲得益處。●

18 號夢工廠

DREAM WORKSHOP NO. 18

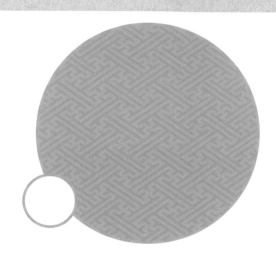

做夢者

　　珍，44 歲的成功金融業者，最近在練習瑜伽和冥想靜心，並且開始參加佛教禪修課程。她決定要將一部分收入捐給救助貧困兒童的慈善機構。

夢境

　　珍站在懸崖頂端，低頭望著立在一小塊岩石上的紅白條紋燈塔。雖然是白天，燈塔仍然規律地閃著光。海上風浪很大，一艘漁船似乎快要被浪掀翻了，懸崖上卻一點風都沒有。珍注意到漁夫們都撐起了傘，有一些漁船竟然還拿傘做帆。她伸出手，想探探是否下雨了，但是並沒有下雨，她不懂為什麼。一隻小

鳥落在她伸出的手上，然後像機械鳥一樣開始轉圈，同時唱著：「今天，今天，就是今天。」珍又發現自己站在一座白色寺廟前方，她感應到她的姑婆（8年前就去世了）在裡面等著她。

解析

珍的新嗜好可能暗示了這個夢中的許多象徵手法。她站在**懸崖上**感受到的平靜，也許和她從冥想中得到的平靜有所關聯。位於混亂的思緒海洋之上的冥想者，具有清醒意識的特徵，而且代表了另一種不同層次的存在。**狂風暴雨的海面**也許代表著日常生活中所遇到的危險和挑戰。

燈塔的光束與佛教有關，它強調了終極實相（ultimate reality）的「光明」。這種光在死後便能看到，並會為死者提供體驗智慧的機會，幫助死者遠離未來的生死輪迴。

珍也許還注意到在佛教中，**紅色**象徵著生命，**白色**代表救贖和轉變。**鳥**是佛陀的象徵符號之一，而**傘**代表著保護和涅槃。這一系列的佛教符號也許只是暗示珍的心智在重溫最近學到的東西，但若珍將其看作是對自身和自己的選擇的一種支持，也完全合情合理。

白色的**寺廟**強調了靈性含義，雖然寺廟並非佛教獨有的象徵符號。珍透過進一步的靈性探索，也許會找到自己所尋找的答案。她期望自己**過世的姑婆**在寺廟中等她，這種期望帶著一種令人入迷的神祕感。過世的姑婆也許象徵著來世對這些信徒的歡迎。或者，如果珍與姑婆

的關係特別，那也可能是某種如願以償的因素在起作用？

小鳥口中唱的「**今天**」很重要：佛教和冥想都強調最重要的是活在當下，而不是沉溺於過去的回憶或擔心未來。這是不是在提醒珍，雖然靈性很重要，但也不應該忘記享受塵世的歡愉呢？

當死去的親人（愛人）出現在夢裡，卻沒有再度引發你的悲傷，這代表你已經開始接受他們的離去，並感謝他們曾在你的生命中出現過。小鳥所提出的活在當下，意味著過去縱然十分珍貴，但不應沉浸其中無法自拔。

霍爾博士是夢境研究先驅以及人格心理學的專家，他將我們對內在和外在現實的認知分為五個層面。概括如下：

1. 我們看待自己的方式（自我概念）。

2. 我們看待他人的方式（對他人的概念）。

3. 我們看待這個世界的方式（我們的價值觀，對周圍物理環境的概念）。

4. 我們看待自己的動機和衝動的方式，以及我們認識動機、控制衝動的方法。

5. 我們定義自身內在矛盾和解決這些矛盾的方式。

　　霍爾博士將最後一項進行了細分：在爭取獨立期間，以及區分父母感受和自我感受（對安全感的渴望和對自由的渴望）的過程中與父母產生的矛盾；性別矛盾；自我衝動與社會約束之間的矛盾。霍爾總結道，夢反映了潛意識和意識想要理解這些不同的矛盾和努力的方式，以及解決這些矛盾的方式。

　　然而其他研究顯示，要總結夢的目的並沒有這麼簡單。夢無法被簡化成試圖勾勒出一套道德觀和價值觀——正如它們拒絕接受佛洛伊德將其定義為源自情慾本性和對壓抑願望的滿足。霍爾的研究有效地將注意力放在內在矛盾對我們的夢所產生的影響，以及夢的背後所隱藏的多層含義。

　　例如，你夢見自己想要整理房間，但當你認為已經完工的時候，房間看起來卻還是一團亂，最後你放棄努力，任其髒亂。你一開始可能會將這個夢解釋為：你在年輕的時候想要取悅父母，在後來的生活中你或許也是這麼做的，但你更喜歡按照自己的方式行事，而夢便揭示了這樣的矛盾。若再度審視這個夢，會發現它可能暗示了對自我概念的疑惑：你是真的孝順還是叛逆？你喜歡安全感還是喜歡自由？答案並不明顯。再三思量這個夢，它也許暗示著打破常規，因此反映了衝動與控制之間的矛盾，或者放縱情慾和約束情慾之間的矛盾。從不同的角度來看，它也可能暗示了一種創造和破壞之間的緊張局勢——最終成為生與死之間的較量。

　　這些解析也許都符合你的情況，但我們還是能從中看出一種關聯：夢其實是日常生活中的壓力和慾望產生的矛盾，並且可以從中看出真實的我們。

此類夢主要屬於第二層夢，然而就如同我們在第一章所討論過的，夢有時也會結合三個層次，開始於第一層，經過第二層，結束於第三層。這證明了各個層次的潛意識在本質上相互聯繫。從整體上觀察夢境，夢就像是瞬息萬變的萬花筒，能夠展現自我的多重面向。

　　研究夢可以促進潛意識與意識心智的交流，幫助我們記住當下的夢，也有助於回想起很久以前的夢。白天，那些看似與夢有關的事件，或者那些夢中曾經預見過的事件，也許會讓我們不自覺地回想起夢的記憶。我們甚至能夠讓心智更加自由地在內心的夢境日記中徜徉，並從中發現許多很有意思的事，其中之一便是潛意識儲存著已經被遺忘很久的夢——這或許反映出潛意識對我們的心理、情感和精神生活的重要性。毫無疑問，這些都是我們夢境的真實記憶：夢境記憶有一種無法模仿的特徵，起源於我們的靈魂深處，而我們警覺的意識已經意識到這一點。我們其實遠比想像的更了解自己。●

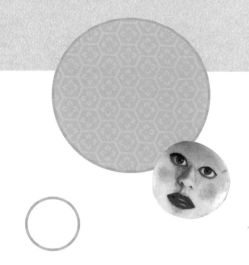

19 號夢工廠

DREAM WORKSHOP NO. 19

做夢者

泰瑞莎，47 歲，為女性雜誌撰稿賺取稿費。她是單親媽媽，有兩個小孩，來自經濟和家庭的壓力讓她感到沮喪。她有一個願望：希望自己能有更多的時間來創作小說。

夢境

泰瑞莎發現自己在一間空盪盪的紅色房間裡。這是一間飯廳，地上鋪著木頭地板，還有一張木頭餐桌和幾張椅子，好像已經很多年沒人坐過了。桌子上方掛著一面花朵形狀的白色時鐘。老朋友史蒂芬妮走進房間，泰瑞莎把鐘從牆上取下來給她看。史蒂芬妮很喜歡這面鐘，但她現在很忙，必須趕往另一個地

方。泰瑞莎很失望，然後她看見整個房間從紅色變成了深藍色。突然，她注意到一座銀色的梯子，她很想爬上去，又擔心自己會摔下來。當她快要爬到梯子頂端時，她確實摔了下來，但讓她吃驚的是自己像顆球一樣從地板上彈了起來，彈上天花板，然後又掉下來，來來回回很多次。她就像慢動作一樣彈跳著，她感到興奮極了。

解析

飯廳象徵著做夢者的社交生活並帶有分享之意，但是這個房間空盪盪的，也許暗示著泰瑞莎的孤獨。久無人坐的椅子則代表她想要創作但尚未開始的小說。

紅色可以代表能量和活潑的性格，**木頭**代表正直和可靠，但也代表束縛、呆板的生活方式。這一切都強化了我們對泰瑞莎的這種印象：她渴望更加充實的感情生活，現狀卻令她十分沮喪。也許她想要接觸更多的讀者，也想擴大自己的交友圈。

花朵形狀的鐘與泰瑞莎的寫作天賦有關，但是時間一直在流逝，創作之花卻還未開花。史蒂芬妮的表現暗示了這一點，在泰瑞莎看來，她的朋友並沒有適時給予她所需要的鼓勵。

夢境變化得很突然，也許暗示這是兩個合而為一的夢。牆面變成了**深藍色**——也許是令人感到失望沮喪的「憂鬱」。**銀色**是月亮、魔法和靈感的象徵，而泰瑞莎儘管害怕，她還是爬上了**梯子**。她從椅子上**掉下去又彈起來**，暗示著她應該

在創作生涯中多方嘗試，不要害怕冒險。

這個夢似乎在告訴泰瑞莎，如果成功沒有及時到來也不要洩氣。也許快樂的上下彈跳是一種無拘無束的創作形式，她可以用更輕鬆有趣的方式來發揮自己的天賦，並從中獲得滿足。就目前而言，她的天賦或許無法為她帶來友誼——作家大都是孤獨的——但是以後的事情誰知道呢？彈跳也許也是鼓勵她，趁孩子還小的時候多陪伴他們，一起玩耍——然而令人意外的是，她的孩子並沒有出現在夢中。

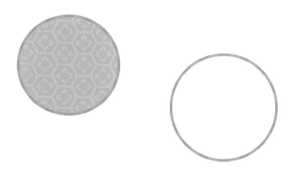

夢境可以同時反映出層層不同的不滿。泰瑞莎覺得很孤獨（她是單親媽媽，很少有社交機會），同時對自己的創作感到沮喪。這個夢向她暗示了，冒險也許能為她帶來更多伸手可及的滿足感。

CHAPTER

5

Guide to Dream Themes

傾聽
夢的主題

人們有時會抱怨他們老是夢見一些無關緊要的事情，
而不是真正感興趣的主題。然而隨著開始慢慢理解夢
的語言，你將會明白，這些夢境確實與我們生活中所
關注的焦點有關──時間、道德、發現、愛、失去，
以及各種恐懼、擔憂和慾望。解夢可以從一些關鍵的
主題中獲得啟發性的見解。

不同層次的主題

INTRODUCTION TO DREAM THEMES

多虧有霍爾博士和凡戴卡索（Robert Van de Castle）這樣的夢境研究者，我們才有機會了解出現在我們夢中的象徵符號以及其所傳遞的豐富訊息。偉大的解夢大師們也提供了許多發人深省的觀點。當我們談及夢的主題時，我們所說的不僅僅是夢中的場景，還有其隱藏的意義。

舉例來說，你夢中經常出現的主題有可能是溝通——也許是因為你在向他人表達自我時遇到了障礙，或是因為你的伴侶沉默寡言。第一個情況可能是因為缺乏自尊心，讓你無法向他人敞開心扉談論自己；第二個情況則可以更廣泛地從情感與人際關係來討論。唯有當雙方的表達能力與回應都在良好狀態，才能有效地進行溝通，而可能造成溝通失敗的原因則多不勝數。

我們從其他研究可以得知，我們的大腦——尤其是年輕人的大腦——經常在想跟性有關的事情。那麼，為什麼此一主題沒有被歸入霍爾的「常見夢境主題」（見第 48-51 頁）？要回答這個問題，你必須先記住霍爾的分類是基於夢的表面內容，如果性夢中出現的不是接吻或性交，而是一列象徵男性生殖器的火車駛入一條黑暗的隧道，那麼它應該會被霍爾歸入「交通運輸」的類別，而非性。

顯然，性夢確實會發生，但是並不像我們所想像的那樣。經過偽裝的性夢似乎更鞏固了佛洛伊德的觀點，情慾衝動總是會透過象徵符號來表現，也許是為了避免自己粗暴的天性將意識心智從睡夢中喚醒。另一種可能性是佛洛伊德的觀點不正確，除了那些極端壓抑的例子，潛意識根本不需要夢見性，因為意識心智在清醒著的時候也能隨心所欲地進行性幻想。很有意思的是，在青春期——強烈的性慾正在甦醒——潛意識很少會掩蓋夢的真實含義，甚至不會對公開的性慾進行偽裝，這也許是因為我們的天性正在測試我們的性慾是否能正常運作。

第二層夢多是關於探索真正的自我和我們想要成為什麼樣的人，因此自我形象的主題最為重要。夢有時會充滿懷舊的渴望或惆悵的幻象，相較於第一層夢的內容，第二層夢揭示了更多關於我們身分的複雜性。解夢讓我們遠離表面的象徵內容，在某種程度上，我們會發現自己其實是在處理內心的焦慮和慾望，而這些焦慮和慾望只能與夢本身勉強扯上關係。但是不要緊，解夢

的重點就是在探索牽強的關聯——尤其是象徵符號和內心自我之間的關聯，藉此增進對自我的認知。

第三層夢與更重要的主題有關。它們通常有著看似靈性的本質，似乎揭示了深奧的祕密和啟示；在夢中我們看得很透澈，但是醒來後卻完全記不得這些內容。這些夢的通用語言就是原型角色和象徵符號、美麗的風景、遙遠的地平線，以及安樂富足的前景。被隱藏的主題通常難以言喻而且難以捉摸，因為它們在一個超越了我們正常理解能力的平台上運轉。它們無法被轉化為語言，甚至詩歌也無法表述。雖然第三層夢通常溫和且充滿愛意，但它們有時也會具有挑戰性，甚至令人不安。我們也許會感覺到自己在某種程度上受到了質疑或批判，彷彿生活這本書記載了我們的失敗和短處，而它現在正赤裸裸地被攤開在我們眼前。我們好像站在一位嚴厲但公正的監護人或父母面前，他們關心我們，希望我們勇敢地面對真實的自己。第三層夢可以改變生活，讓我們感覺接觸到更深層次的自我——甚至在某種程度上拉近我們與靈性的距離。

我們可以時常訓練自己去夢見某個特定的主題。其中一種方法是在白天時不斷告訴自己晚上想要夢見的主題，然後想著這個主題慢慢進入夢鄉。這個主題可以是普通的事件，也可以是某個特定的人。嘗試在睡前看這個人的照片，或在某種程度上可以代表你所選主題的人的照片，然後你也許就會夢見他們，雖然夢境具體呈現的方式通常並不是你所想像的模樣。●

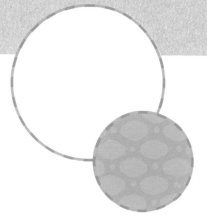

20 號夢工廠

DREAM WORKSHOP NO. 20

做夢者

露西，55 歲，做了 15 年的行政祕書，不久之前被裁員了。這麼多年來，她從來不喜歡自己的工作，但她還是想要找同樣類型的工作。新工作一直沒有著落，她開始擔心錢的問題了。

夢境

此時正值仲夏，但露西卻關著窗簾在家裡忙著打掃，她覺得明亮的陽光會讓她分心。家裡還有另外兩個人在幫忙——她之前的同事莎莉，還有安德森先生，他在露西 14 歲的時候幫她在花店找了一份工作（在現實生活中，她與這兩人已經很多年沒有聯繫了）。信件、帳單和其他文件從辦公室逃跑了，在屋

裡到處飛，他們兩人的主要任務就是用石頭壓住它們。露西從天花板掃下很多蜘蛛網，當她在處理最後一個蜘蛛網時，看到一隻可愛的小蜘蛛落到她手上，於是她跑到外面，將蜘蛛放在花園裡自己精心培育的一朵紅花上。

露西來到屋外感覺非常放鬆，她深吸了一口氣，然後彎腰去擁抱自己種的白色鬱金香。它們變成了粉色，被她拔了起來。她站起身，懷裡還抱著鬱金香，然後看見土壤又長出新的一片花朵。此時文件開始從前門飛出來，有些文件上還掛著蜘蛛網，但是露西不再為此感到煩躁不安。她很開心，她的花為她帶來滿心的愉悅。

打掃房屋暗示著露西想要改變，雖然阻斷光源也暗示著她害怕冒險。**舊識**前來幫忙，暗示她在試圖改變生活時會回想從前的經歷。她不僅回想起來自別人的幫助，還有她在那些日子裡擁有的抱負。

滿屋子的**文件**明顯傳達出她對上一份工作感到不滿意，也象徵著鈔票。用石頭壓住它們，代表露西想要「埋葬」這一部分的人生和這段經歷引發的焦慮。

蜘蛛網強調了露西覺得自己被工作「束縛」。但是她在掃掉蜘蛛網時，也清出了一隻可愛的蜘蛛。為了釋放牠，她走到了屋外，這是否暗示著過去也曾發生過一些好事？露西應該更仔細思考過去的各種經歷將如何指引她選擇新的職業。

在這個夢中，**花**的地位非常重要，代表著創造力和新生活。當露西擁抱自己種的鬱金香時，它們突然被注入了生命力，變成了**粉紅色**。她將它們拔起來之後，原來的地方又開出更多的花——也許她不需要害怕將自己連根拔起？最後，文件和蜘蛛網都飛出到了屋外，它們將不再與露西的生活有關——她是否能拋棄冗長乏味的行政工作，開創新的生活呢？

舊識也許是暗示著以前的生活，當他們出現在夢中，你可以問自己從過去的經驗中學到了什麼，以及現在是否仍然能從中受益。你是否忽略了其中隱含的經驗教訓？對五十多歲的露西來說，舊識也許暗示著她早該重新評估自己的生活。

志忑不安的夢：
恐懼與焦慮

生理實驗證實，所有高等動物都能感覺到恐懼和焦慮——生存本能會促使我們做出「戰鬥或逃跑」的反應——然而似乎只有人類才會感受到自己想像出來的焦慮。我們經常擔心生活中或工作上可能會出錯，對「萬物皆有一死」的理解成為潛在的恐懼源頭，我們會因為預見自己的死亡而感到恐懼，**一想到自身與所愛之人周圍潛在的危險**，也會觸發我們的恐懼。然而當我們夢見死亡並為此感到不安，通常反映的是我們在清醒世界中其他方面的改變，也許是離職，也許是結束一段感情。

　　這就不難理解為什麼很多人都曾做過焦慮的夢。工作最常引發焦慮，因為在工作時，我們的行為會受制於很多外在因素：我們也許需要為一大筆錢負

責，為很多人的健康和安全負責。例如，工作焦慮可能會讓我們夢見墜落，可以解釋為擔心現在的身分地位不夠牢固。有的人也許會過度努力或假裝漠不關心來掩飾他們的恐懼，但是潛意識不會上當受騙。夢可以幫助我們評估自己的工作表現，並且在工作壓力開始失控時，向我們指出生活與工作之間平衡的必要性。

車輪已經壓到了，
但我踩不到煞車……

想要逃離他，
雙腳卻無法動彈……

在我們墜入愛河或有了孩子以後，**我們不再擔心自己，而是開始擔心我們珍惜的人。**我們也許會夢見自己努力想要拯救快要淹死或被綁架的親人——現實生活中關於綁架的新聞為潛意識提供了豐富的素材。新手父母常會夢見自己在睡覺時壓在寶寶身上，也許是因為對自己帶孩子的技巧缺乏信心，或對各種想像中的疏於照顧感到慚愧。身為父母最常出現在夢中的焦慮，都是出於擔心孩子的安危。

過去的恐懼也會讓我們夢見焦慮，這反映出與自尊有關的潛在問題仍然存在。典型的例子是夢見自己**沒有為考試做好準備。**彷彿潛意識想從我們深藏於心的往事中尋找我們能夠明白的相似感受。

我的牙齒開始鬆動
而且一顆一顆掉下來，
填滿了……

焦慮的夢境也能反映受到創傷後的壓力。身體想要傾訴並驅散這種仍然存在的緊張不安，就像把糟糕的經歷說出來就能讓人感到放鬆一樣。●

空無一物的空間

未知？
不滿足？
孤單？
無家可歸？

想要尖叫
但喊不出聲音……

這次考試的科目
我從來沒有學過……

站在懸崖邊，
突然有種要墜落的感覺

高

責任？
曝露？
靜止？
風險？
誘惑？

情緒暗示

恐慌？
擔心？
毀滅？
無法逃避？
強烈衝動？

21 號夢工廠

DREAM WORKSHOP NO. 21

做夢者

　　凱莉，34 歲，從事翻譯工作，10 年前從波士頓搬到巴黎。她的媽媽和其他家人，包括她的祖母，都住在波士頓，她無法經常與他們見面。儘管她很喜歡巴黎的生活，每次當她回去探望家人再回到巴黎時，總會感到心力交瘁。

夢境

　　凱莉身在劇院，舞台上有一名苗條的舞者，穿著亮粉色的裙子，聚光燈打在她身上。凱莉從一間小包廂看著舞台，祖母在她身邊。小包廂的視野很好，凱莉覺得能夠爭取到這樣的座位非常幸運。但是儘管人在劇院裡，她仍然覺得好像隨時都會有雨滴落在她們身上，她不希望祖母感冒。

一個穿著水手服的年輕人也坐在包廂內。她不知道他是誰，好奇他為什麼會在這裡。年輕男子俯身向她，滿懷柔情地悄聲說道：「妳是下一個。」凱莉不確定他是什麼意思，但她開始驚慌，因為她對跳舞一竅不通，沒辦法在這麼多人面前表演。凱莉的祖母感覺到了她的擔憂，輕輕撫摸她的頭髮，對她說即使下雨也沒有關係。

解析

理解這個夢的關鍵在於背景環境。大家應該都很熟悉，**劇院**象徵著人生百態，而凱莉的位置和「視野」都很好，並且樂在其中，表示她對事物有著正常的興趣，她喜歡看見他人的成功，例如夢中那個在舞台上自由跳躍的舞者。

但是凱莉對於表演者的角色卻沒有太大把握。當她即將成為下一個表演者時，她有些驚慌失措。她不想出現在**聚光燈**之下，不想受到他人的關注。她意識到自己並沒有這種才能，跳舞也不是她的強項。或許更仔細觀察思考的話，將有助於她找到缺乏自信的原因。

水手這個符號非常有意思。年輕水手通常象徵探險，所以這似乎暗示凱莉確實有勇敢的一面。他「滿懷柔情地」暗示對她的期望，可能只要她鼓起勇氣嘗試，就會獲得成功。

即使凱莉和祖母坐在有屋頂的劇院內，她仍擔心被**雨**淋濕，這種不安全感暗示著她在享受舒適安逸的生活時，仍然擔心自己會遭受厄運。

凱莉的**祖母**可以象徵凱莉的失敗和脆弱。她擔心祖母患上**感冒**，

也許暗指情感上的感冒——失戀。不過祖母還是安慰地撫摸她的頭髮——我們通常用這個動作來安撫孩子——並告訴她即使下雨也沒關係，她可以應付得來。夢也許傳遞了這樣一個訊息：儘管凱莉有脆弱的一面，但她能夠承受得了壓力，她的韌性會幫助她復原。

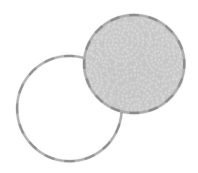

夢中出現的人物常代表做夢者自身的其他面向（也許是相反的一面）——就像此處的祖母和水手——即使是做夢者在現實世界認識的人（祖母）也不例外。同樣的，祖母這個角色也代表了她深愛並且想要保護的人。

情感與人際關係

人與人之間的關係擁有深刻滋養的潛力——即使它們通常也帶有破壞的元素。深入了解我們的人際關係，可以消除負面影響，強調人際關係的積極面，而夢可以幫助我們做到這點。

從受孕的那一刻起，我們就生活在他人的陪伴之中。早期與父母和老師的關係對我們產生了極大的影響，甚至長大之後，我們的心智狀態也會反映出他們及兒時生活中的其他人對我們的態度。更重要的是，他人對我們的看法、對我們的重視程度，以及他人允許我們擁有的情感自主權的多寡，在在影響了我們自我認知的形成。

因此，人際關係自然在我們夢中扮演著重要角色。矛盾的是，我們常會發現夢中出現的人一半認識，一半不認識，或全都是陌生人，有時還會夢見想像力虛構出來的人物。雖然有時夢中會出現與我們關係特別疏遠的人，但實際上是想要告訴我們一些重要的訊息，這些訊息往往與我們最珍視的人際關係有關。

如果你和至交好友之間沒有任何芥蒂或壓抑的情感，而且在清醒世界中能順意暢談，那是再幸運不過的了。然而大多數人的情況並非如此，就算是最幸福的關係也會存在問題，而當事人往往不願承認，即使是對自己也不會。

「問題」和不安全感稍微有些不同，這兩者都可能會出現在夢中。問題是存在於關係之中的緊張點，通常來自於個性、脾氣或態度的差異。對於問題進行溝通與交流，在這類夢中是非常重要的一部分，因為緊張關係通常會妨礙兩人敞開心扉交談。任何與溝通阻礙有關的夢——也許手中的電話在你開始說話時變成了漢堡——都是因為在現實生活中，你與對方永遠不會把問題拿出來討論。

人際關係的問題是雙向的，但不安全感的產生通常是單方面的。你也許會擔心自己在朋友心中的地位，擔心愛人將會離開你去另尋他人，或者擔心自己無法提供他們經濟上或情感上的支持，這些都可能是你缺乏安全感的原因。然而還有很多毫無來由的不安全感，夢可以幫助你看清這一點。將缺乏安全感的夢境說給對相關的對象（朋友或伴侶）聽，也許會有所幫助；他們

會被觸動，了解你想傳達的意思，甚至是潛意識地給予你一些安慰。有關不安全感的典型夢境包括在人群中找不到某人、被拆解的衣服，或在比賽中表現不佳。

如果你的愛人缺乏安全感，你也許會為他們情感上的脆弱感到負擔，因為這表明了他們對你的依賴。在這種情況下，你的夢也許會充滿幽閉恐懼，也許是被掩埋、穿著太過厚重的衣服，或被困在電梯中（它能帶你去更高的樓層，卻讓你覺得恐慌或者煩躁不安）。然而夢中的幽閉恐懼沒有這麼容易解析，它可能跟你生活中的任何方面有關，包括你的事業。

有時點頭之交也會出現在夢中，因為你對他們的態度有些曖昧不明。你也許無法確定自己對他們的感覺，或他們對你的感覺。你也許對他們感覺好奇，或他們不經意地讓你想起了從前某個對你來說很重要的人。

虛構人物就更加複雜了。佛洛伊德認為，這些虛構人物有時代表了我們早年與父母之間未解決的問題，有時代表某種希望或擔憂。他們也可能暗示了我們喜歡或討厭的人格特質，甚至是我們自身的不同面向。

在解析夢中出現的人物時，你需要留意他們的外貌和行為，同時也要注意自己對他們的感覺。如果他們告訴你名字，那你便可以用自由聯想或直接關聯的方式進行解讀，因為名字也許有著象徵性的言外之意。●

22 號夢工廠

DREAM WORKSHOP NO. 22

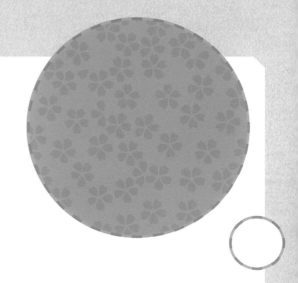

做夢者

派翠西亞，31 歲，有一個交往很久的男朋友，她很愛他，但她不知道自己是否想要嫁給他。她的很多朋友都懷孕了，但是她一點也不急。派翠西亞在一間跨國公司擔任活動企畫，工作賦予她令人嚮往的生活方式，經常認識新朋友、旅行和聚會，但她開始覺得這種生活壓力很大，而且流於表面。她覺得這樣的生活並不適合自己，她想要換個工作。

夢境

派翠西亞在去機場的路上非常著急，因為她已經遲到了。現在是星期五晚上，她知道人一定非常多，因為人們都喜歡在週末外出。然而當她趕到機場時，那裡空無一人，讓她感到驚慌失措。她想要找個人

幫她辦理登機手續，但她找不到人。
她背的紅色皮包似乎比平常大很
多，而且非常重。她將它放在一個
空椅子上，等待有人來幫她。

突然憑空出現了一位留著一頭長
長黑髮的迷人女士，靜靜地跟她招
招手，然後慢慢地走向一扇門。派
翠西亞穿過那扇門，開始往下墜落。
她閉上眼睛，突然撲通一聲落在一
張奢華的座椅上。剛剛那位女士遞
給她一杯雞尾酒。她一直在想她的
皮包，裡面裝了很多重要的工作文
件。皮包被她留在那張椅子上，而
她知道自己已經無能為力，因為安
全帶已經繫上，飛機開始起飛。就
在這時，機長出現了，把皮包遞給
她，但是現在這個皮包變成只有她
的手掌大。她打開皮包，裡頭飛出
了蝴蝶。

旅行是三層夢境中都很常見的主
題。派翠西亞經常出入機場，她知
道星期五會有很多人，這是她前意
識（第一層夢）的想法。但是當她
到了機場卻發現那裡空無一人，而
她的驚慌顯示這時夢境已轉到了第
二層夢——她對孤獨的恐懼也許可
以追溯到童年時期，但是迷失方向
也可能與她現在的顧慮有關。

迷人的女士也許代表了只有派翠
西亞才知道的個人含義，但這個角
色也有可能與第三層夢的原型——
即能夠獲知深層內在祕密的阿尼瑪
有關，她甚至可以代表派翠西亞較
為明智的一面。雖然這名女士造成
了一些消極的影響（派翠西亞穿過
門之後便往下墜），但總的來說，
她仍舊是一個積極的象徵符號（她

為派翠西亞指路並端上**雞尾酒**，感覺奢華且友善）。她的行為暗示著派翠西亞應該進一步了解自己本性中的明智面。

在整個夢中，**超大的紅色皮包**一直都是派翠西亞關注的焦點。最開始時它太重了，然後她搞丟了它，她覺得必須親自將它取回來。但是**機長**——也許象徵著她的男朋友——幫她找到了她的皮包，暗示著派翠西亞並不需要時時掌控一切。**縮小的皮包**也許暗示著派翠西亞的工作對她來說不那麼重要了，**飛出的蝴蝶**則是象徵轉變的一種古老符號，暗示她其實內心尋求改變和自由。

包包這類容器是潛意識在夢中常用的一種引人注意的符號，因為它可以「容納」很多不同的象徵內容，賦予其自身豐富且搖擺不定的含義。在這個夢中，包包兩度變化尺寸，也許暗示著做夢者的自我認知不夠穩定——她必須先解決一些問題，才能找到自己真正的信念。

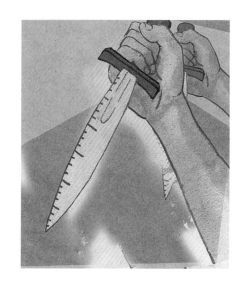

夢的陰暗面：
道德與價值觀
MORALITY & VALUES

部　分心理學家認為人們在夢中會放棄道德的標準與價值觀，這是一個頗具爭議的觀點。在夢中，我肯定會做出同樣符合現實道德標準的選擇。在夢中會放棄道德原則的想法，主要是源自佛洛伊德的理論。他認為夢就是願望的滿足，人們在夢中遵從的是原始本性而非社會規範。然而我們的道德觀念不僅只是社會規範的總和，我們的道德感似乎有一大部分是與生俱來的。例如對於遭遇不幸的人，我們會不由自主地感到同情。許多事情的是非對錯對我們來說是理所當然的，沒有理由不將這些想法和觀念帶進夢中。

　　但是在審視夢中的行為時，我們必須像審視現實世界中的行為那樣小心謹慎。當做夢者在夢中攻擊了某人，不一定就象徵著暴力傾向，也許是做夢者

想要擺脫令人沮喪的挫折。常見的各種挫折在夢中都會被人格化，包括那些並非由他人造成的挫折感。當權威人物在夢中被攻擊（不論是被做夢者或是他人攻擊），都可以被視為「老師」的形象，代表著我們經過一番痛苦努力所獲得的新技能；就算我們試圖從書本或透過不斷試驗來獲得這項技能，我們的潛意識中也有可能出現一名「老師」的形象，突顯出我們的沮喪。同樣地，如果做夢者攻擊了某個長者，那位長者很有可能代表著在清醒世界中被做夢者忽略的智慧或建議。

如果在夢中遇見了敵人，對方可能代表著我們性格中的陰暗面，包括我們最討厭的、平常被我們壓抑在潛意識中的自我。

在夢中，我們不僅擁有相同的價值觀和道德標準，甚至擁有與現實生活中相同的喜好和憎惡。但是有的人說自己在夢中對日常引以為傲的東西變得漠不關心，有過靈魂出體體驗的人（見第 260-261 頁）也說他們在夢中對自己的身體漠不關心，彷彿領悟到在清醒世界中非常重要的東西其實轉瞬即逝。有時我們會做情緒平穩，甚至不帶有什麼情緒的夢，這也許是為了讓我們從白天的緊張焦慮中解脫，休息一下。焦慮之類的強烈情感會讓我們筋疲力盡，而夢也許暗示我們應該保持平衡。有的人說他們在夢中經歷了某種形式的情感釋放，彷彿獨自置身於一片未被開發的美麗山水，從日常的責任感中解脫。

愧疚是清醒世界中常見的一種情感。如果我們自有一套道德標準和價值觀，當沒有達到標準時，我們就會對自己感到失望。小時候，當大人指出我

們的缺點時，我們就會感到羞愧。因此，我們常會在有意無意間虛構出一個父母或老師的形象，來監督並修正自己的行為。在夢中，這種自我責難的傾向往往會逐漸消失，因此我們在做夢時可能會感受到更完整的自我。我們仍舊保有自己的優勢和缺點，但也會更容易產生自我認同感。

相比之下，罪惡感會在夢中生動地體現出來。馬克白夫人[10]在合謀殺害了國王之後不斷看見幻覺，看見自己手上的血怎麼也洗不乾淨，這就是潛意識會在夢中呈現給我們的畫面。還有一些沒那麼極端的例子，比如鞋上的泥巴怎麼也弄不掉、傷害無辜的小生命、拿取多到自己吃不下的食物、毫無理由地毀壞他人的物品等。如果這樣的夢讓你感到不安，問問自己，能否想到任何理由。如果能，就盡快彌補；如果不能，汲取教訓繼續前進。如果找不到愧疚的原因，你可能需要經過一定程度的自我解析，才有辦法驅除縈繞在你心裡的惡魔。●

10 在莎士比亞著名的悲劇《馬克白》（*Macbeth*）中，馬克白夫人慫恿自己的丈夫殺死國王，奪取王位。

23 號夢工廠

DREAM WORKSHOP NO. 23

做夢者

羅伯特，39 歲，建築工人。他曾經談過幾次不短的戀愛，但總是不願做出承諾。他現在又恢復單身，感覺很失落。他最近遇見了從前在學校的老同學，每次要跟這個女生見面前，他總感覺比過去跟其他女生約會時更興奮期待。

夢境

羅伯特在街上走著。這條街是他每天上班的必經之路，但是今天看起來有點不一樣，因為他正在用雙手走路，而且好像也沒有什麼不妥。草從灰色鋪路石的縫隙中長出來。從他眼前經過的每一雙鞋都會對他胡亂地評價一番，例如「你很快就會累的」和「非常不錯，但是你不像我們一樣閃閃發亮」。他最好的

朋友要他帶著他們一起找到的藏寶圖，但是羅伯特忘了自己有沒有帶，也沒時間停下來檢查，因為他必須在早上 9 點之前趕到目的地。羅伯特聽見有人在遠處吹口哨，並且知道那就是想要藏寶圖的人，所以他很想找到聲音的來源。不過羅伯特並不慌張，他想要保持穩定的節奏——他喜歡用手走路，比起每天走到腳痠，他覺得這樣健康多了。

解析

街道、小路等類似的事物，一般象徵著有目標的進步、機會和旅行。這條街是羅伯特熟悉的，也許代表這個夢反映了羅伯特的日常行為。

但是這次情況有些不同，羅伯特**用手走路**，暗示著對改變的渴望，也同時暗示著他選擇的方式有些不對。因為這樣，羅伯特沒辦法看到路人的臉，這是小孩子隱藏愧疚感的把戲。

上下顛倒的行走方式也暗示著不成熟的偷窺癖好——這樣做可以抬頭看女生的裙底。從佛洛伊德式的觀點來看，**鞋子**象徵著女性的生殖器。而且，做夢者就只能看到其他人的腳，表示他可能只是將女人視為性交的工具。鞋子對他說的話，暗示女性自然會討厭他看待女性的這種態度。

吹口哨是男子氣概的象徵，也是一種相當不成熟的行為——暗示女人應該像狗一樣，對男人唯命是從，因此吹口哨的人很可能就是羅伯特自己。而他需要在早上 9 點之前趕到的目的地，也表明了他將工作和其他事情看得比愛情重要。

這個夢提醒羅伯特，不要讓<u>小草</u>在自己的腳下恣意生長——他也許就要錯失最後一次建立長久戀愛關係的機會。**<u>藏寶圖</u>**承諾了一個令人滿意的戀愛對象，也許是他的老同學。但是羅伯特不知道自己是否帶著藏寶圖，暗示著他處於「迷失方向」的危險之中。羅伯特應該明白，他們都是成年人了，如果他要這段關係看得見未來，就必須給對方「大人的」承諾。

為了搞清楚我們人生的旅程中是否存在著荒謬或自欺欺人的成分，在夢中常會出現顛覆常理的移動方式。用雙手行走帶來的獨特視角，點出了這名男性做夢者在心態上是否足夠成熟的問題，尤其是看待女性的態度。

性與慾望

SEX & DESIRE

對大多數人，尤其是對年輕人來說，性慾是一種強大的力量。因此，當潛意識被現實的渴望占據時，性出現在夢中一點都不奇怪。然而慾望之夢就只能解釋為性衝動嗎？

要回答這個問題，需要探索幾種最為常見的性夢類型。性夢既可以在達到高潮時戛然而止，也可以是一種極為隱晦的性挑逗。這種克制也許是因為現今的世界充斥著大量強烈的性視覺衝擊，我們沒有必要在做夢的時候再重複一次，微妙的挑逗對於潛意識來說反而更具吸引力。另一種可能——尤其是當我們夢見完美的人體時——夢中的情慾代表著我們**與生俱來的創作慾在日常生活中被淹沒**。它們甚至反映了我們對靈性的渴望，一種想要與神性融為

紅髮

熱情？
異國風情？
危險？
氣質？
特別？

脱衣服

禁忌？
暴露？
誠實？
好奇心？
誘惑？

情緒暗示

占有？
祕密？
渴望？
嫉妒？
親密？

偷窺者

羞愧？
力量？
漠然？
隔離？
冒險？

一體的願望。未完成的性夢經歷可以提醒我們生活中的期待與失望的循環，同時提醒我們不要懷抱太多錯誤的希望。

另一種類型的性夢在於描述抵抗對某個特別的人的情感，或是源自性行為的矛盾。這種性質的夢會喚起強烈的焦慮感，思考自己做這個夢的原因就顯得非常重要。這些夢也許是想讓你去面對或釋放「現實生活」中的性緊張，或者是強調你必須一併接受戀愛中的快樂與憂傷。

儘管西方世界對於性愛抱持著開放的態度，但這樣的主題仍然與諸多社會禁忌相抵觸，也因此**被壓抑的性慾出現在夢境中也很常見**，不管是透過窺陰癖、異裝癖、露陰癖或其他類似的性傾向表現出來。這樣的夢可能暗示做夢者需要放下不必要的壓抑和焦慮，然而它們也可能隱喻了我們生活中其他方面出現的問題。比如**夢見自己是一個偷窺狂，也許代表你在現實生活中遭到他人排擠**；夢見自己穿著異性的衣服，如果妳是女性，也許意味著妳需要開發自己男性的一面，如果是男性則意味著要發展女性的一面。●

打開夢的魔盒：發現與失去

DISCOVERY & LOSS

在神話、傳說和童話故事中，「發現」是十分常見的主題。英雄生活在一個飢荒肆虐或由暴君統治的國家，因而啟程尋找能夠讓家園恢復富饒和平的魔物（通常是一筆驚人的財富或一柄魔劍）。一路上他會遇見很多的原型事件，比如在一片黑暗的森林中迷路，被一名漂亮的年輕女子所救，這名女子將他帶出森林之後便神祕消失了。他再次一個人上路，穿過貧瘠的曠野，來到一座黑暗的高塔或洞穴。他要尋找的魔物就在裡面，由一條惡龍看守著。英雄與惡龍搏鬥並且打敗了牠，將珍貴的魔物帶回自己的國家，使之恢復從前的繁榮與榮耀。

發現與救贖的旅程主題會以各種形式出現在夢中——尤其是在第三層夢

中。一般的解釋是說，我們生來就覺得生活中缺少了某樣東西，即使我們還不知道這樣東西的真實本質，只要能重新發現它，它就會給我們帶來豐富的回報。從靈性角度來看，「這件東西」通常就是指真實的自我，是我們的靈魂與神之間的關係，是我們的覺悟、救贖或者任何類似的術語；從心理學的角度來看，「這件東西」就是完整的整體。

伴隨著「發現」這個主題的便是「失去」，尤其是隨著童年的逝去，我們的純真也會逐漸逝去。亞當和夏娃的故事就是典型的例子，在偷食了智慧的果實之後，亞當和夏娃受到了上帝的懲罰，被逐出了伊甸園——然而人類獲得了智慧後，開始能掌握自己的命運。潘多拉的故事也與失去有關，她打開了密封的盒子，讓一切災禍跑了出來，折磨著整個世界。

在第二層夢和第三層夢中，發現的主題通常是找到珍貴的魔物或神祕的知識，或者是遇見一個充滿智慧的人，我們依此而體會到滿足和愉悅。這樣的夢也許代表發現新觀點、新機會、生活中的新伴侶，或突然冒出的好運，以及（在第三層夢中）一些有關我們存在的靈性意義的神祕啟示。

相比之下，夢見失去也許是我們在夢裡將重視的東西放錯地方或弄丟了，這些東西也許從我們的指縫間溜走，也許從打開的窗戶掉了下去，或者落入河流之中，或者滾進人行道的夾縫中；這些東西有可能是鑰匙、硬幣或珠寶，以及我們清醒時伴隨左右的痛苦。經過解析後，你會發現這些事情可能象徵著青春的逝去、分手之後愛人的離開，或在生活的壓力之下喪失了快樂的能

力。在第三層夢境中，也許是指失去我們過去賴以為生的理想或精神信念，而我們現在為此感到遺憾。

發現與失去交織出現在我們的生活中。時間每一分每一秒都在消逝，但是新的時刻又為新的發現提供了新的機會。夢提醒著我們這個事實，推動我們尋找隱藏在這種不穩定性之下的真相，或尋找某種能夠讓我們愈變愈好的力量。

發現或丟失，擁有或失去，迎接或送別，所有這些體驗都以某種微妙或喧鬧的方式，改變著我們存在的節奏和基調。如果堅持記錄夢的日記，就能看到我們的夢如何隨著時間的推移去反映這些改變——夢提醒了我們，在這個不斷變化的世界中，糾結於已經失去的東西毫無意義。

某些失去的形式是永恆的，例如隨著年歲的增長喪失青春和體力、生活遭逢重創後喪失了純真，以及愛人的過世。喪親在夢中也許可以表現為做夢者與親人之間遙遠的物理距離，甚至是看到逝去的親人待在一個快樂的地方，告訴做夢者自己現在已經安息。其他暫時性的失去，例如愛人外出旅行、家中正在裝修等，將會如實地反映在夢中。夢的功用是幫你看清楚這些問題。無論是接受、修正、調整還是前進，或將這些選擇結合在一起，都該由你自己做決定。●

24 號夢工廠
DREAM WORKSHOP NO. 24

克里斯，51 歲，長年臥病在床的母親在兩年前去世了。他一直都跟母親住在一起，在她生命最後的幾年一直照顧著她。儘管母親的去世帶給他巨大的傷痛，但他發現自己很享受新的生活和自由，甚至還交了個女朋友。然而他還是會不時感到愧疚，他認為母親不會贊同他擁有的新生活。

夢境

克里斯走在荒野上，陽光明媚，這時他看見地上有一個洞。他仔細一看，發現一條通往地底的螺旋樓梯，於是他決定走下去看看。他聽到洞裡傳來古典樂聲，而且愈往下走，那音樂就愈清楚。當他走到樓梯的底端時，發現自己身在布滿鐘乳石和石筍的洞穴中。地上畫著一個巨大的棋盤，一位衣裙飄逸的芭

蕾舞者掂著腳尖在上頭跳舞。他看了一會兒，突然注意到自己的母親，她看起來身體健康、氣色很好，坐在沙發上邊吃巧克力，邊看舞者跳舞。母親對他說：「不要忘了花，安東尼。」克里斯因為再見到母親感到既疑惑又高興，但也因為母親叫錯了自己的名字而沮喪。

解析

在這個夢中有一些相對明顯的象徵符號，但也有許多令人費解的符號。**晴天**也許意味著克里斯獲得新的自由，**荒野中的開放空間**代表他現在有機會離開，更自由地呼吸。

然而地面上的**洞**可以有多種釋義，其中有些相互矛盾。比如說，「在洞裡」可以隱喻人們正處於困境中，也能理解為高爾夫球的「一竿進洞」，意味著成功。佛洛伊德可能會將洞穴視為性的象徵，但克里斯的夢與性並沒有明確的相關之處。又或許，洞穴和螺旋樓梯可能意味著進入更深層的潛意識。

克里斯走下樓梯時聽到了**古典樂**，在解夢之前，我們需要知道這音樂是什麼風格（快樂或憂鬱），以及克里斯對這音樂是什麼態度。古典樂通常可以讓於我們的心情變好，基於這點，我們至少可以把古典樂看成是正面的象徵。

克里斯**過世的母親**看起來很健康並吃著巧克力，代表著滿足感，而她的笑容更強調了這種感覺。至於她提到花以及她沒認出克里斯，很有可能是克里斯對享樂生活的內疚之心的投射。即使沒有每週都到去世親人的墓前放一束鮮花，我們的

內心仍舊為親人的逝去而感到哀傷失落。克里斯顯然必須過好自己的人生，不能永遠沉溺於母親過世的悲傷。

至於那位**舞者**是誰呢？有可能代表他的新女友。如果是這樣的話，棋盤很可能代表他覺得追求女友的過程是一場費力的遊戲，正如下棋一般。也許是他在這方面太過理智，還是他已忘記經營一段關係需要付出情感？

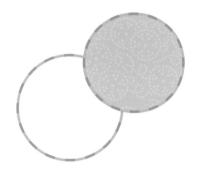

喪親的痛苦會讓我們做一些令人費解但對我們有幫助的夢。一個與逝去親人有關的夢，可以為我們帶來情感上的安全感。夢中的象徵符號也許會充滿矛盾，也許會反映出我們內心的愧疚，而隱藏在其中的訊息也許是要告訴我們，當我們享受生活的愉悅時，逝去的親人也將永遠存在我們心中。

Deeper into the

6

Dream World

深入
夢的世界

在更進階的夢境中,你可以完全清楚意識到自己從清醒世界進入無極限的新維度的瞬間。在這裡,幾乎所有事情都可能發生:你可以找到創作靈感,與他人分享夢境,甚至離開肉體。在這一章中還會提到清醒夢,它不僅能讓我們體驗到更加激動人心的夢境,還有助於我們更進一步認識自己的本性。

清醒夢與通靈夢

LUCID & PSYCHIC DREAMING

做夢的時候，大多數人都不會發現自己正在做夢。無論多麼怪異，我們都會認為它是真實的。但是有一小部分的人有能力（至少偶爾會有這種能力）知道自己在做夢，並且控制夢的內容。這樣的例子被稱為清醒夢（lucid dreams）。對某些人來說，清醒夢是接觸神祕現象的入口，包括靈魂出體、心靈感應和靈視力。

通常一生之中只會發生一、兩次的清醒夢，但肯定會給做夢者留下深刻的印象。當一個夢變成清醒夢，做夢的人會感覺到一種洶湧而來的興奮感，夢中的色彩也會變得更加鮮豔逼真。這個時候，做夢者能夠引導夢的進程，也許是去拜訪一個遙遠的地方、一位睿智的導師或學習的聖堂。通常夢中都會

有完整的場景，但也許和我們所想像的不同，睿智的導師也許變成了孩童，學習的聖堂是森林中的一座棚屋。做夢者常常對這些場景和人物有著明顯不同的印象，他們會知道這些並非依照他們的想法而產生的，而是一種獨立的存在。唯一的問題是，清醒夢會突然停止，做夢者對一切失去了主導權，夢境又慢慢變回原來的樣子。

學習更仔細地觀察夢中的事件，就有可能獲得創造清醒夢的能力。這將能讓你注意到夢境即將發生時的異常轉變——汽車變成了馬車，整排的房屋都沒有前門，而且動物還會說話。提升你的冥想技巧，也有助你獲得這樣的能力。另一種方法是在白天不斷重複提醒自己，留心觀察夢中可能會出現的任何異常現象；此外，在醒著的時候經常進行「現實確認」，問自己怎麼知道自己什麼時候是清醒的。試著在回答的時候明確地向自己說明：「我知道我沒有在做夢，因為我可以閱讀書上的字」或是「我知道我沒有在做夢，因為我看一眼窗外，然後閉眼再睜眼看一次，窗外的景色沒有變化」。有種古老的薩滿練習，在白天的時候告訴自己將會在夢中看著自己的雙手或雙腳，來提醒自己夢已經開始了。一旦你真能在夢中做到這一點，就代表你的夢有可能變成清醒夢。或者，你也可以選擇在夢中看見你家的大門或客廳裡的鐘之類的物品。另一種方法則是選擇一個最常出現的場景或事件（比如坐在車裡），然後告訴自己下一個夢中會出現這樣的場景或事件，你便能知道自己開始做夢了。

你需要長時間地重複練習這些方法，就和解夢與研究夢境一樣，堅持下去才能看到成果。一旦開始做清醒夢，你就要決定好下一個夢的內容。你想去哪裡？你想穿越時空嗎？你想遇見誰？清醒夢可以是一種充滿啟示的靈性體驗。你需要做好準備，因為這種能力來無影去無蹤。我們也許能夠成功獲得一次清醒夢的體驗，但接下來很長一段時間它都不會再出現。原因尚不清楚，但是在清醒世界中的焦慮和壓力很可能會抑制清醒夢的出現。

靈魂出體

據稱清醒夢會引發靈魂出體，此時意識會感覺到自己離開了身體，獨立存在。這樣的體驗通常是自發性的，有時發生在清醒的世界，但更容易發生在睡覺的時候。在經歷靈魂出體時，體驗者會發現自己從身體中站起來或飄出來，他們可以平心靜氣地俯視自己的身體——彷彿看到的是別人的身體，就像一件脫下來的衣服一樣。這種超脫的感覺在瀕死體驗引發的靈魂出體時尤為強烈，此時體驗者的身體會因為心臟衰竭或其他原因，在接受臨床診斷之後被判定為死亡。一般來說，只有在極度不情願的情況下，意識才會返回到肉體然後甦醒。

一旦意識離開了肉體，它便不存在於真實世界，它可以穿牆，可以去往任何想去的地方，或去一個與現實世界不太一樣，稱為「星光界」（astral world）的地方。專家則宣稱，其實並沒有任何東西離開了肉體，夢境意識只

是以真實世界為「模型」，創造出一個想像中的世界。然而某些研究展示了人的靈魂離開身體之後，如何與物理環境產生互動。在加州大學戴維斯分校的睡眠實驗室裡，塔特（Charles Tart）教授參與的某項研究中，一位年輕的女士能夠在靈魂出體的時候讀出某個隨機組成的五位數，並在靈魂回去後回想起來。在由洛爾（William Roll）和已故的莫里斯（Robert Morris）教授組織的另一項研究中，一名年輕男子能夠在靈魂出體的時候，影響在幾個街區之外的家中寵物。有人宣稱自己看見別人「正在」靈魂出體的經驗——事實上，我也曾見過，那是我這輩子印象最深刻的體驗之一。我眼睛所見的朋友非常真實，我還以為她真的站在我面前，然後我跟她說話，並且看著她慢慢變透明，直到最後消失不見。

夢似乎是出體的靈魂中途歇腳的客棧，似乎有很多方法可以將夢變成靈魂出體的體驗。據我所知，最有效的其中一個方法是想像自己睡著之後進入一座電梯，不斷上升，最後到達頂樓。當電梯到達頂樓時，你要記得從電梯中走出來。同樣地，你可以想像你需要在夢中穿過一扇門。另一種方法是在做夢的時候命令自己離開身體，並且透過在睡前想像這個畫面來加強這道命令。當然，如果你很焦慮或情緒不穩定，最好就不要嘗試了。

夢的心靈感應與預示

古往今來，很多人透過夢境知曉自己所愛的人去世，或看到一件即將降臨

的災難而及時規避，或者獲知了一些無法透過一般管道獲知的訊息。這些超自然的體驗究竟是有基本規律，還是只是某種程度上的幻象？

睡覺的時候，顯意識會安靜下來，讓潛意識去捕捉白天漏掉的訊息，影響夢的內容。研究顯示，那些看似通靈的事件，其實是超自然現象。紐約邁蒙尼德醫療中心（Mainmonides Medical Center）的夢境實驗室在幾年前進行了研究，讓志願者在實驗室睡覺，實驗人員則試著透過心靈感應向他們傳送照片。當志願者醒過來之後，他們所描述的夢境都與照片有明顯的關聯，完全超出了巧合的可能性。

我們也有可能會受到其他做夢者的影響（見第 264 頁〈共享夢境〉），或者甚至與那些死去的人進行交流。這也許可以解釋人們為什麼會夢到前世，或在催眠過程中接觸到此類的記憶。做夢者喚醒的也許不是自己前世的記憶，而是逝者的記憶。

研究指出，如果我們愈努力去記憶、控制和解析夢境，就愈有可能做通靈夢，也愈有可能預知結果。試著去比對夢境日記中的記錄與日常生活中的經歷。前者是否預示了後者？我們不能太過隨意地接受超自然現象，這一點很重要，但是我們得對其存在的可能性保持開放的態度，因為過分懷疑會抑制其正常的運作。如果你夢見逝去的親人，問問自己，在那個當下，是否堅信對方真的就在那裡。這個夢是單純**關於**他們，還是向你傳達了他們真實存在的感覺？這種存在感強烈地暗示了超自然力量的存在。

　　某些東方宗教，例如印度教和佛教，認為冥想修行可以提升通靈的能力，此外還有多種練習有助於提升能力。你可以從字謎練習（見第 92 頁）開始，再慢慢嘗試帶著平常無法解決的問題入睡。比如你可以試著幫朋友尋找遺失的物品，或者當你忘記某人生日時，用這個方法來確定他／她的生日。

　　通靈能力是人類天性的一部分，只需要合適的狀態就將這個能力展現出來，比如做夢。擁有這類經歷的人深深相信這一點，並且通常深感欣慰，因為他們知道，人死之後還有來生。●

共享夢境

DREAM SHARING

這裡說的「共享夢境」有兩個意思：第一，大家聚在一起討論自己的夢；第二，在某些情況下，兩個人好像做了相同的夢，有時甚至會出現在彼此的夢境中。

對夢有興趣的一群人聚在一起討論夢境，對彼此都是一種很有用的練習。大家將注意力集中在這些夢的重要性上，為所有參與的人提供更加豐富的夢境內容。分享自己如何去記憶和解析夢中的訊息，可以幫助彼此更有建設性地去思考夢的內容和邏輯。

有時人們分享的夢境都很罕見且很有意思。有時這就只是純粹的巧合，比如我們兩人在白天時參加了同一個活動，我們就很有可能會做相似的第一層

夢。有時，當兩個人關係非常親密，就會發生更加非比尋常的事情。當妻子夢見自己追趕公車，醒來之後丈夫會問她趕上沒有；或者丈夫夢見自己在游泳池裡潛水，而與他同時醒來的妻子也許會跟他說泳池的水太冷了。在這種情況下，兩個做夢的人似乎被輸入了同樣的內容，而這樣的夢就會是兩組記憶、想法、情節和動機的混合體。

有些心理學家一心想要催生共享夢境，最有機會成功的其中一種方法是共同催眠，因為催眠和做夢都能接觸到深層的潛意識。讓兩個人面對面坐著，一直重複催眠指令，當兩人同時進入睡眠或催眠狀態，也一起進入了同一個事先安排好的夢中。接下來，夢境便會接管兩個人的意識，任其發展。（這種實驗只能在受過專業催眠訓練並取得相應資格的催眠師指導下進行。）

超個人心理學家有時會使用類似的方式，被稱為引導式白日夢或幻想。所有心理學家，包括佛洛伊德，在對病人進行精神分析的治療過程中，有時會體驗到心靈感應的交流，這表明了在似夢的狀態下，人們的意識可以靠得更近。●

創造夢境

DREAM CREATIVITY

有些人自認沒有創造力或觀想能力。然而就像每晚夢展示給我們看的那樣，我們其實都擁有創造的能力。多數心理學家相信，創造力起源於潛意識，而潛意識總是在想法和經驗之間來回遊蕩，尋找可用的點子，然後遞交給意識心智，再由意識心智將這個點子編輯成可接受的模式。

然而許多音樂家、作家和藝術家聲稱，整個創作的過程要比這複雜得多，而且有時這些點子會來自其他地方。據說莫札特（Wolfgang Amadeus Mozart）彷彿能夠客觀地「聽到」他的音樂，而義大利作曲家塔替尼（Giuseppe Tartini）曾經夢見惡魔前來拜訪，並彈奏了一曲「超越了他所能想像」的奏鳴曲，雖然他醒來之後只能回想起部分，但他仍將《魔鬼的顫

音》（*The Devil's Tril*）當成自己最棒的曲子。英國小說家史蒂文森（Robert Louis Stevenson）發現，在睡前講故事給自己聽，他的「小幫手們」就會在他的夢中接手，繼續在「發光的劇場中」創作出一個又一個故事。夢中的創作靈感並不是音樂家和作家的專利。據說早期量子物理學的關鍵人物波耳（Niels Bohr）曾夢見一直在尋找的原子模型，而俄國化學家門得列夫（Dmitri Mendeleev）曾夢見元素週期表——雖然醒來之後只記得其中兩個。

在這些例子中，作家和科學家都專心沉浸在自己的工作中，尋找新的突破點——因此，他們的靈感也許是來自潛意識；潛意識在夜裡重溫白天的思維過程，形成了新的想法。另一個理論認為夢的靈感來自於另一種更具精神層面、更充滿靈性的源頭，而且只有做夢者在動機更強烈並且樂於接受的條件下，靈感才會發揮作用。相信靈感會出現在夢境中，不失為一種激發靈感的好方法。你可以試試下列的方法：

- 確定你要找的靈感（例如你要寫的那首歌的主題）。
- 時常思考你想要的結果，並且充滿信心地告訴自己會在夢中獲得這樣的結果。
- 不要刻意去尋找靈感。
- 睡覺的時候，在腦中想著你的願望。
- 記下你做的夢，利用自由聯想或直接聯想找出所有象徵符號可能代表的意義。
- 耐心等待。如果靈感沒有立刻出現，告訴自己隔天晚上一定會出現。●

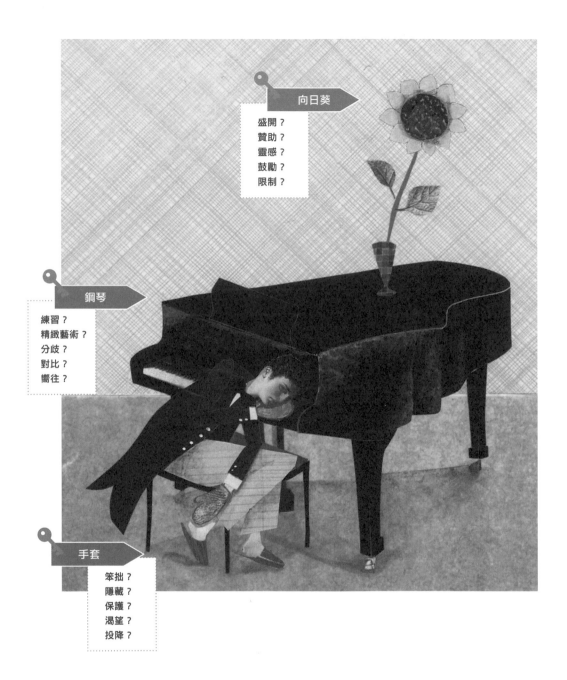

向日葵

盛開？
贊助？
靈感？
鼓勵？
限制？

鋼琴

練習？
精緻藝術？
分歧？
對比？
嚮往？

手套

笨拙？
隱藏？
保護？
渴望？
投降？

夢與靈性自我
DREAMS & THE
SPIRITUAL SELF

幾個世紀以來，人類的經歷證實了夢與靈性自我之間的聯繫。從最早開始，人們就聲稱在夢裡接受了各種靈性源頭——上帝、聖人或守護天使——的指導，並且獲知了通常無法透過「正常」管道獲得的訊息。這使我們更加確信我們不只是物質的自我，而且肉體的死亡也並非人類意識的終點。

東方宗教對心智和靈性本質的探索遠比西方科學更為廣泛，它宣揚來世的下層類似於夢境，是由我們的期待、記憶和信念所創造的。我們可以說這些現象形成了一種群體——像極了世俗生活中那全體共享的潛意識集合。有趣的是，這些對於來世的描述，與西方那些透過與逝者交流而得到的描述是一

致的。這一切都說明了，靈魂在來世的活動與我們每晚都會做的夢有著密切的聯繫。

此外，在東方，睡覺有時被描述成「微死亡」。在這種狀態下，我們拋下了來自生理和世俗時空的束縛。當精神與心靈有所發展，就能幫助我們提升對夢的控制，特別是透過以下三個重要的技巧：

1. 記住夢境，更加注意夢境中發生的事。

2. 試著做清醒夢，試著對夢中的事物進行一定程度的掌控。

3. 在第三層夢中尋求指導，並找出其所揭露的意義。

前兩種方法是為第三種方法做的準備，在本書前文中也已有提到（見第44-46頁〈如何留住夢境〉和第258-263頁〈清醒夢與通靈夢〉）。其他精神層面的活動也與第三種方法密切相關，例如冥想、解夢，以及努力實現個人理想。

提高對夢的掌控力，那麼夢見第三層夢和其他深層夢境的機率也會同時提升。**和清醒夢一樣，大部分的夢總是出乎意料地發生**。比如我們想與一個死去的朋友取得聯繫，我們也許會在夢中看見他，可是他卻不說話，而且好像沒有注意到我們的存在；或者我們會遇到一些人，他們好奇地看著我們，好像我們不屬於他們的世界。這些意料之外且神祕莫測的邂逅，足以使我們相

信這些不僅僅是我們想像的產物，而且如果有另外一個世界，那麼我們需要從中學習的，就和我們對現實世界的了解一樣多。共享夢境的奇妙經歷（透過預先安排，在夢中與另一個確實活著的人相遇），再加上對來世的一瞥，我們就會明白，**這個世界與另一個世界的界限比我們想像中的更模糊**。

藏傳佛教的傳統強調我們應該妥善利用這些夢的經驗來訓練自己，那麼即使身處夢境之中，我們也能辨認出它們仍然是我們心智的產物。據說發展這種覺察，我們就能夠操縱來世的經歷。我們不會被奇怪的事情分心，而是讓自己的心智**集中在代表了終極實相的「大樂光明」（clear light of bliss）上**，它們會將我們從虛幻的世界帶入涅槃——一種不可言喻、純粹、統一的意識狀態。相較之下，西方的神祕傳統認為來世（所謂的下層星光層，我們做夢的時候就能抵達）的經歷將會提供機會，讓我們學習如何到達上層星光層，進入純粹的意識領域。

簡言之，第三層夢有著來世的某些特徵，能帶給我們真實的神祕體驗，在其中我們參與見證了構成所有現實基礎的愛與合一。在更實際的層面上，這些夢可以為我們個人靈性的發展提供具體的指導。

然而，就算是最具深刻含義的夢也無法向我們展示「終極實相」。夢能讓我們一覽遠國的山麓，但仍有一些東西是我們無法看到的。在遙遠的將來，這片夢土還會向我們揭露更多。即使到了那個時候，我們會發現總還是有一些遙不可知的山麓，它們仍然是未解之謎，就像永恆本身那樣無窮無盡。●

25 號夢工廠

DREAM WORKSHOP NO. 25

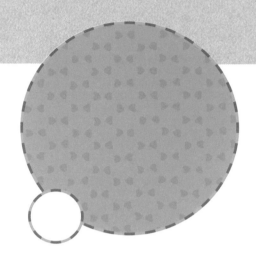

做夢者

愛麗絲，67 歲的圖書管理員，在虔誠的基督教家庭長大。她年輕的時候逃避去教會，然而最近她竟然有了想參加團契的衝動，這令她感到非常驚訝。

夢境

愛麗絲說了一番自認為幽默的話，結果惹惱了一名前同事，他一點也不覺得有趣。當她發現他是故意發火的時候，她感到很尷尬也很生氣。她和他理論，可是他不聽，還轉身背對著她。他們就站在她童年住家的客廳窗戶旁邊吵了起來。突然，翻動的白色窗簾引起了她的注意，她看到窗台上有一個插滿白

色丁香花的花瓶。她細看那些花朵，驚訝地發現原來每一個大花球上是由這麼多的小花組成，它們的香味令人陶醉。接著一隻巨大的老鷹優雅地滑翔而過，停在窗邊，用喙輕敲著玻璃。

 ## 解析

這個夢從一個不和諧的例子開始。愛麗絲認為自己說的話很幽默，但她的**同事**並不覺得，還無禮地背對她。要是我們猜想，在這個夢中，那位同事代表著她自身的某一個面向，就能說明在愛麗絲的性格中，輕鬆愉快的一面和嚴肅難搞的一面，這兩者之間存在著極大的矛盾和衝突。愛麗絲為此感到尷尬和憤怒，因為這為她在自我認同方面帶來了不必要的麻煩。夢境似乎顯示

這與她兒時的經歷有關，因為她發現自己回到了從小居住的地方。

愛麗絲被飄動的白色窗簾吸引，並且對花瓶裡的白色丁香花著迷。**白色**是一種情感矛盾的色彩。在西方，白色象徵童貞和純潔，在東方卻象徵死亡與哀悼。對在基督教家庭長大的愛麗絲來說，前者似乎更為恰當。這暗示了她得透過重新認識她的基督教信仰，來解決身分認同的矛盾。

丁香花是另一種矛盾的象徵。儘管有些人把它視為春天和重生的象徵，也有些人會把它看做霉運。也許這暗示了宗教擁有和解的能力——不僅是對存在於我們自身的眾多矛盾，也包括我們生活中各種歡樂與嚴肅的面向。夢中的大丁香花球是由許多小花構成，象徵了萬

物的最終統一與融合。

　　老鷹的到來是個引人注目的結局，並且強烈暗示著夢正從這裡轉向第三層夢。愛麗絲也許注意到了老鷹是聖約翰的象徵，他的福音是《新約聖經》的四卷福音書中最神祕的。究竟是否要回歸基督教的懷抱，這得由愛麗絲來決定，然而她的夢境已經清楚反映出她的迫不及待。

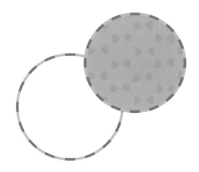

平淡無奇的事件和意義深遠的象徵，經常會出現在同一個夢中。這個夢從冒犯工作上的同事開始，以老鷹的到來結尾。鷹是一種雄偉的鳥類，具有豐富的象徵意義，並帶有濃厚的基督教色彩。當一個有主見的人尋求個人內在的完整時，如夢中所指示，靈性可能是最好的答案。

參考文獻

Ball, P. (2006) *The Power of Creative Dreaming*. London and New York: Quantum/Foulsham.

Boss, M. (1977) *A New Approach to the Revelations of Dreaming and its Uses in Psychotherapy*. New York: Gardener.

Faraday, A. (1972) *Dream Power: The Use of Dreams in Everyday Life*. London: Pan Books.

Fenwick, P., and Fenwick, E. (1997) *The Hidden Door: Understanding and Controlling Dreams*. London: Hodder Headline.

Fontana, D. (1994) *The Secret Language of Dreams*. London: Duncan Baird Publishers; and San Francisco: Chronicle.

Fontana, D. (1996) *Learn to Dream*. London: Duncan Baird Publishers; and San Francisco: Chronicle.

Fontana, D. (2007) *Creative Meditation and Visualization*. London: Watkins/Duncan Baird Publishers.

Garfield, P. (1976) *Creative Dreaming*. London: Futura.

Garfield P. (1991) *The Healing Power of Dreams*. New York and London: Simon & Schuster.

Goodwin, R. (2004) *Dreamlife: How Dreams Happen*. Great Barrington MA: Lindisfarne Books.

Halifax, J. (1979) *Shamanic Voices*. New York: E. P. Dutton.

Hall, C. S., and Nordby, V. J. (1972) *The Individual and His Dreams*. New York: New American Library.

Hearne, K. (1989) *Visions of the Future*. Wellingborough: Aquarian Press.

Hearne, K. (1990) *The Dream Machine*. Wellingborough: Aquarian Press.

Hillman, J. (1989) *The Essential James Hillman*. London and New York: Routledge.

Holbeche, S. (1991) *The Power of Your Dreams*. London: Piatkus.

Inglis, B. (1988) *The Power of Dreams*. London: Paladin.

Jones, R. M. (1978) *The New Psychology of Dreaming*. Harmondsworth and New York: Penguin.

Jung, C. G. (1963) *Memories, Dreams, Reflections*. London and New York: Routledge.

Jung, C. G. (1968) *Analytical Psychology: Its Theory and Practice*. London and New York: Routledge.

Jung, C. G. (1972) *Four Archetypes*. London and New York: Routledge.

Jung, C. G. (1974) *Dreams*. Princeton, NJ: Princeton University Press.

Jung, C. G. (1983) *Selected Writings*. London: Fontana Books (Harper Collins).

Jung, C. G. (1984) *Dream Analysis*. London and New York: Routledge.

Lenard, L. (2002) *Guide to Dreams*. London and New York: Dorling Kindersley.

Mattoon, M. A. (1978) *Applied Dream Analysis: A Jungian Approach*. New York and London: John Wiley & Sons.

Mavromatis, A. (1987) *Hypnagogia: The Unique State of Consciousness Between Wakefulness and Sleep*. London and New York: Routledge.

Mindell, A. (2000) *Dreaming While Awake: Techniques for 24-Hour Lucid Dreaming*. Charlottesville VA: Hampton Roads.

Ullman, M., and Limmer, C. (eds.) (1987) *The Variety of Dream Experience*. New York: Continuum; and London: Crucible.

Ullman, M., and Zimmerman, N. (1987) *Working With Dreams*. London: Aquarian Press; and New York: Eleanor Friede Books.

Ullman, M., Krippner, S., and Vaughan, A. (1989) *Dream Telepathy: Experiments in Nocturnal ESP. 2nd edition*. Jefferson NC: McFarland.

Ullman, M. (1996) *Appreciating Dreams: A Group Approach*. Thousand Oaks CA and London: Sage.

Van de Castle, R. (1971) *The Psychology of Dreaming*. Morristown, NJ: General Learning Press.

Whitmont, E. C., and Perera, S. B. (1989) *Dreams, a Portal to the Source*. London and New York: Routledge.

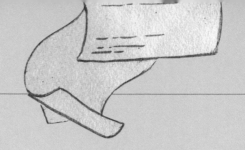

Index 夢的符號索引

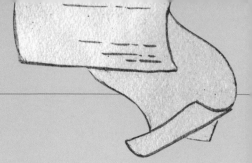

彩繪版 **夢的潛意識心理學**（二版）

典型夢境案例＋象徵符號解析，喚出你內心隱藏的重要訊息
The New Secret Language of Dreams

作　　　者	大衛・馮特納（David Fontana）
譯　　　者	宋易
裝幀設計	萬亞雯
責任編輯	王辰元
協力編輯	吳愉萱
校　　　對	簡淑媛

發 行 人	蘇拾平
總 編 輯	蘇拾平
副總編輯	王辰元
資深主編	夏于翔
主　　編	李明瑾
行銷企畫	廖倚萱
資深發行	王綬晨、邱紹溢、劉文雅

出　　版　日出出版
　　　　　　新北市 231 新店區北新路三段 207-3 號 5 樓
　　　　　　電話：（02）8913-1005　傳真：（02）8913-1056

發　　行　大雁出版基地
　　　　　　新北市 231 新店區北新路三段 207-3 號 5 樓
　　　　　　24 小時傳真服務 （02）8913-1056
　　　　　　Email：andbooks@andbooks.com.tw
　　　　　　劃撥帳號：19983379　戶名：大雁文化事業股份有限公司

二版一刷　2024 年 2 月
定　　價　550 元
Ｉ Ｓ Ｂ Ｎ　978-626-7382-74-5
Ｉ Ｓ Ｂ Ｎ　978-626-7382-72-1（EPUB）

本書如遇缺頁、購買時即破損等瑕疵，請寄回本公司更換

國家圖書館出版品預行編目（CIP）資料

【彩繪版】夢的潛意識心理學：典型夢境案例＋象徵符號解析，喚出你內心隱藏的重要訊息／大衛・馮特納（David Fontana）著；宋易譯 . -- 二版 . -- 臺北市：日出出版：大雁文化事業股份有限公司發行，2024.2
面；公分 . -- 譯自：The New Secret Language of Dreams
ISBN 978-626-7382-74-5（平裝）1. 夢 2. 解夢 3. 潛意識
175.1　　112022835